SOCIEDADE EM MOVIMENTO 9
CIÊNCIAS SOCIAIS

Afrânio Silva
Mestre em Ciência Política pela Universidade Federal do Rio de Janeiro. Professor de Sociologia do Colégio Pedro II e da Seeduc. Pesquisador do Ibam.

Bruno Campos
Bacharel e licenciado em Ciências Sociais pela Universidade Federal do Rio de Janeiro. Professor pós-graduado de Sociologia das redes pública e privada do estado do Rio de Janeiro.

Bruno Loureiro
Bacharel em Ciências Sociais pela Universidade Federal do Rio de Janeiro. Professor de Sociologia das redes pública e privada do estado do Rio de Janeiro.

Cassia Miranda
Mestre em Filosofia pela Pontifícia Universidade Católica do Rio de Janeiro. Bacharel e licenciada em Ciências Sociais pela Universidade Federal do Rio de Janeiro. Professora de Sociologia da rede pública do estado do Rio de Janeiro.

Clarissa Tagliari Santos
Mestre em Sociologia (Antropologia) pela Universidade Federal do Rio de Janeiro. Bacharel e licenciada em Ciências Sociais pela Universidade Federal do Rio de Janeiro. Professora de Sociologia do Colégio Pedro II.

Eduardo Guimarães
Doutor em Saúde Coletiva (Ciências Humanas e Saúde) pela Universidade do estado do Rio de Janeiro. Bacharel e licenciado em Ciências Sociais pela Universidade do estado do Rio de Janeiro. Professor de Sociologia do Colégio Pedro II.

Fátima Ferreira
Doutora em Educação pela Universidade Estácio de Sá. Mestre em Ciências Sociais (Sociologia) pela Universidade Federal do Rio de Janeiro. Bacharel e licenciada em Ciências Sociais pela Universidade do estado do Rio de Janeiro. Professora de Sociologia do Colégio Pedro II.

Lier Pires Ferreira
Doutor em Direito pela Universidade do estado do Rio de Janeiro. Mestre em Relações Internacionais pela Pontifícia Universidade Católica do Rio de Janeiro. Bacharel em Direito pela Universidade Federal Fluminense. Bacharel e licenciado em Ciências Sociais pela Universidade Federal Fluminense. Professor de Sociologia do Colégio Pedro II. Professor do Iuperj e do Ibmec/RJ.

Marcelo Costa
Mestre em Sociologia (Antropologia) pela Universidade Federal do Rio de Janeiro. Professor de Sociologia do Colégio Pedro II e da Faetec.

Otair Fernandes de Oliveira
Doutor em Ciências Sociais pela Universidade do estado do Rio de Janeiro. Professor da Universidade Federal Rural do Rio de Janeiro. Coordenador do Leafro.

Raphael M. C. Corrêa
Doutor em Ciência Política pela Universidade do estado do Rio de Janeiro. Mestre em Planejamento Urbano e Regional pela Universidade Federal do Rio de Janeiro. Bacharel e licenciado em Ciências Sociais pela Universidade Federal do Rio de Janeiro. Professor de Sociologia do Colégio Pedro II.

Rodrigo Pain
Doutor em Ciências pelo Curso de Pós-Graduação em Desenvolvimento, Agricultura e Sociedade (Estudos Internacionais Comparados) pela Universidade Federal Rural do Rio de Janeiro. Professor da rede pública do estado do Rio de Janeiro.

Rogério Lima
Doutor em Ciências Humanas (Sociologia) pela Universidade Federal do Rio de Janeiro. Professor de Sociologia do Colégio Pedro II.

Vinicius Mayo Pires
Mestre em Sociologia (Antropologia) pela Universidade Federal do Rio de Janeiro. Professor de Sociologia do Colégio Pedro II.

1ª edição

© Afrânio Silva, Bruno Campos, Bruno Loureiro, Cassia Miranda, Clarissa Tagliari Santos, Eduardo Guimarães, Fátima Ferreira, Lier Pires Ferreira, Marcelo Costa, Otair Fernandes de Oliveira, Raphael M. C. Corrêa, Rodrigo Pain, Rogerio Lima, Vinicius Mayo Pires, 2014

Coordenação editorial: Cesar Brumini Dellore
Edição de texto: Marina Nobre
Coordenação de *design* e projetos visuais: Sandra Botelho de Carvalho Homma
Projeto gráfico: Daniel Messias, Everson de Paula, Rafael Mazzari
Capa: *Criação*: Sandra Botelho de Carvalho Homma
  Produção e direção de arte: Everson de Paula
  Finalização: Otávio dos Santos
  Foto: Estudantes reunidos em frente ao prédio da reitoria da Universidade Federal de Santa Catarina (UFSC), em Florianópolis (SC, 2014).
  © Cadu Rolim/Fotoarena
Coordenação de produção gráfica: André Monteiro, Maria de Lourdes Rodrigues
Coordenação de arte: Maria Lucia F. Couto, Patricia Costa, Wilson Gazzoni Agostinho
Edição de arte: Alan Dainovskas Dourado
Editoração eletrônica: Grapho Editoração
Edição de infografia: William Taciro, Mauro César Brosso, Alexandre Santana de Paula
Ilustrações: Alexandre Affonso, Daniel Zeppo, Denis Freitas, Eduardo Francisco, Estúdio Pingado, Guilherme Casagrandi, Klayton Luz, Pedro Hamdan, Pianofuzz, Ronaldo Barata
Cartografia: Anderson de Andrade Pimentel, Fernando José Ferreira, Guilherme Luciano
Coordenação de revisão: Elaine C. del Nero
Revisão: Adriana C. Bairrada, Afonso N. Lopes, Denise Cerón, Dirce Y. Yamamoto, Rita de Cássia Sam, Viviane T. Mendes
Coordenação de pesquisa iconográfica: Luciano Baneza Gabarron
Pesquisa iconográfica: Camila D'Angelo, Etoile Shaw, Odete Ernestina Pereira
Coordenação de *bureau*: Américo Jesus
Tratamento de imagens: Arleth Rodrigues, Bureau São Paulo, Marina M. Buzzinaro, Resolução Arte e Imagem
Pré-impressão: Alexandre Petreca, Everton L. de Oliveira Silva, Fabio N. Precendo, Hélio P. de Souza Filho, Marcio H. Kamoto, Rubens M. Rodrigues, Vitória Sousa
Coordenação de produção industrial: Wilson Aparecido Troque
Impressão e acabamento: EGB - Editora Gráfica Bernardi Ltda.

Dados Internacionais de Catalogação na Publicação (CIP)
(Câmara Brasileira do Livro, SP, Brasil)

Sociedade em movimento. – 1. ed. – São Paulo : Moderna, 2014.

Obra em 4 v. para alunos do 6º ao 9º ano.
Vários autores.
Bibliografia

1. Ciências sociais (Ensino fundamental).

14-03676   CDD-372

Índices para catálogo sistemático:
1. Ciências sociais : Ensino fundamental   372

ISBN 978-85-16-09445-4 (LA)
ISBN 978-85-16-09446-1 (LP)

Reprodução proibida. Art. 184 do Código Penal e Lei 9.610 de 19 de fevereiro de 1998.
Todos os direitos reservados
EDITORA MODERNA LTDA.
Rua Padre Adelino, 758 – Belenzinho
São Paulo – SP – Brasil – CEP 03303-904
Vendas e Atendimento: Tel. (0_ _11) 2602-5510
Fax (0_ _11) 2790-1501
www.moderna.com.br
2016
Impresso no Brasil

1 3 5 7 9 10 8 6 4 2

APRESENTAÇÃO

Prezado aluno,

O contato com as Ciências Sociais é uma ótima oportunidade para desnaturalizar a realidade a nossa volta. Este livro oferece ferramentas para analisar um elemento muito importante para a compreensão da atualidade: as novas Tecnologias da Informação e da Comunicação (TICs).

Nosso objetivo é entender de que formas o desenvolvimento e o acesso a essas tecnologias são influenciados pelas questões sociais. Ao mesmo tempo, queremos saber de que maneira a crescente presença das TICs no cotidiano altera o meio social.

O impacto dessas tecnologias atinge o mundo do trabalho, a privacidade, o controle social, as estratégias de *marketing*, a organização de movimentos sociais, o consumo, as relações familiares, a escola etc. Compreender as mudanças que as TICs podem causar em outros meios de comunicação de massa também será uma importante tarefa nesse momento de conclusão do Ensino Fundamental.

Estudaremos conceitos básicos das Ciências Sociais que permitem que você, ao final do curso, esteja preparado para uma nova etapa de sua vida. A postura questionadora sobre a cultura digital e sua relação com as TICs será essencial nesse processo.

Bons estudos!

Os autores

ORGANIZAÇÃO DO LIVRO

Seu livro está organizado em 9 unidades, que apresentam a seguinte estrutura: abertura, capítulos, seções **O estranho familiar**, **Visões de mundo** e **Direito é direito**, mais **Atividades** e **Indicações**.

ABERTURA DE UNIDADE
Um pequeno texto apresenta o assunto que será desenvolvido na unidade.

Os **objetivos da unidade** listam as habilidades que você vai adquirir após o estudo dos conteúdos nela apresentados.

As questões propostas em **Começando a unidade** relacionam os elementos da abertura da unidade com o que você já sabe sobre o assunto.

CAPÍTULOS
Cada unidade é composta de dois capítulos, que desenvolvem os conteúdos de modo claro e organizado, integrando texto e imagens.

Ilustrações, fotos, charges, gráficos e outros elementos visuais exemplificam e complementam os conteúdos desenvolvidos na unidade.

O ESTRANHO FAMILIAR
A seção apresenta fatos sociológicos ocorridos em diferentes sociedades e momentos históricos que se contrapõem à nossa realidade, provocando certo estranhamento. As atividades valorizam a cultura da diversidade e da tolerância.

No **glossário** você encontra explicações sobre as palavras destacadas no texto.

Reprodução proibida. Art.184 do Código Penal e Lei 9.610 de 19 de fevereiro de 1998.

ATIVIDADES

Revisão e compreensão

Atividades de releitura e fixação dos principais conteúdos da unidade.

Interpretação e prática

Questões de interpretação e aplicação de conceitos das Ciências Sociais estudados na unidade, com apoio de textos complementares e elementos visuais.

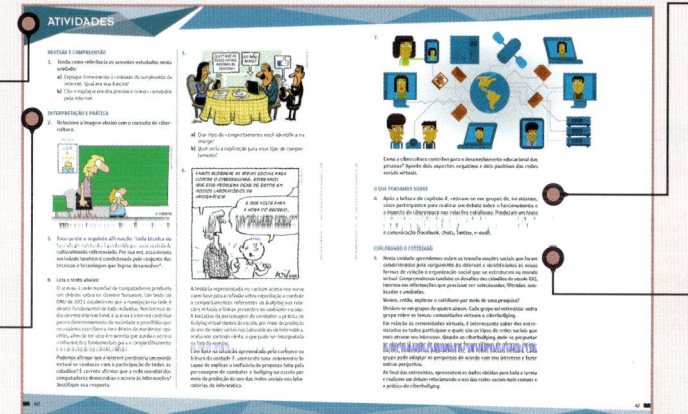

O que pensamos sobre

Temas para discussão em forma de debates ou seminários que estimulam a reflexão crítica, a elaboração de argumentos e a exposição seus conhecimentos.

Explorando o cotidiano

Propostas de pesquisa que estimulam a construção do conhecimento a partir da sua realidade.

VISÕES DE MUNDO

Textos citados com pequena introdução contextualizadora estimulam a leitura e a compreensão de texto.

Obter informações

Questões de releitura e fixação das principais ideias apresentadas no texto.

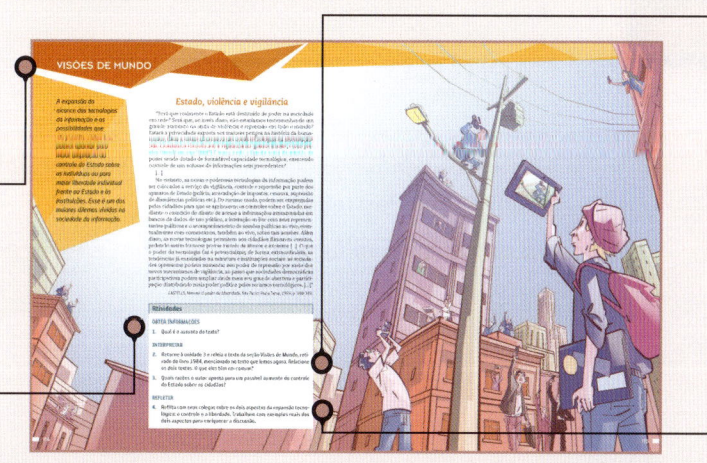

Interpretar

Questões para você relacionar, interpretar e avaliar as informações contidas no texto.

Refletir

Sugestões de reflexão, pesquisa ou elaboração artística relacionam o texto da seção ao conteúdo da unidade.

DIREITO É DIREITO

A seção trata do conjunto de normas e direitos presentes na sociedade para você desenvolver uma postura cidadã crítica.

INDICAÇÕES

Sugestões de leituras, vídeos e *sites* comentadas complementam o conteúdo da unidade.

INTERAÇÃO

Atividade de encerramento do volume, com orientações de realização, que desenvolve as capacidades de avaliação, criação e proposição, preparando você para um papel de protagonista na sociedade em que vive.

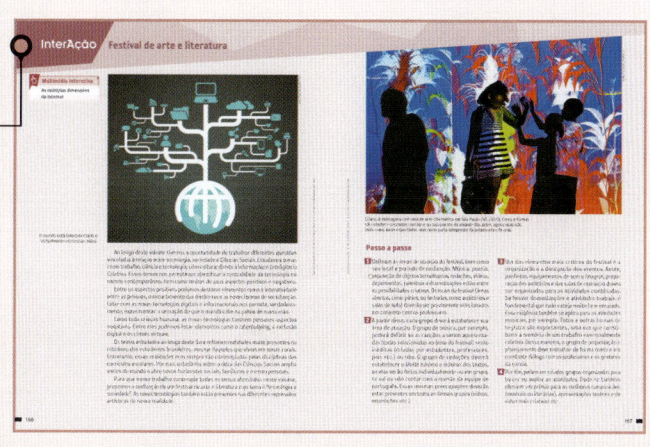

Conteúdo digital

Informação: acesso e controle

Conteúdo digital

Indica vídeos, animações e outros recursos no livro digital.

SUMÁRIO

UNIDADE 1 — **Tecnologia e sociedade** 10

CAPÍTULO 1 – Trabalho, ciência e tecnologia 12

- A tecnologia como mediação entre o ser humano e a natureza, 12 – O desenvolvimento da ciência durante a modernidade, 12 – A ciência e a tecnologia aplicadas ao processo produtivo no século XX, 14 – A ciência e a tecnologia na contemporaneidade, 15

CAPÍTULO 2 – Capitalismo flexível e novas tecnologias da informação e comunicação (TICs) 16

- Revolução da Tecnologia da Informação e surgimento do capitalismo flexível, 16
- **O estranho familiar** – Povos indígenas e as tecnologias da informação e comunicação (TICs) 18
- Globalização, 18
- **Atividades** 22
- **Visões de mundo** – A Rede e o Ser 24
- **Direito é direito** – Atividades profissionais iguais, direitos diferentes 26
- **Indicações** 27

UNIDADE 2 — **O mundo em rede** 28

CAPÍTULO 3 – A internet e a constituição do mundo virtual 30

- A história da internet, 30 – O que é o virtual?, 31 – Internet e sociedade, 32

CAPÍTULO 4 – Cibercultura 36

- Cultura eletrônica, 36 – As redes sociais on-line, 37 – Inclusão digital, 38
- **O estranho familiar** – Como sua vida se tornou virtual? 39
- **Atividades** 40
- **Visões de mundo** – Cibercultura 42
- **Direito é direito** – A Cruz Vermelha 44
- **Indicações** 45

UNIDADE 3 — Socialização na Era Digital 46

CAPÍTULO 5 – Controle social e redes de comunicação 48

- Controle social, TICs e vigilância, 48 – TICs e a jornada de trabalho, 49 – Governos, cidadãos e o controle das informações políticas, 50 – Quem nos olha nas redes sociais?, 52

CAPÍTULO 6 – O público e o privado na era da internet 54

- Socialização e as TICs, 54
- **O estranho familiar** – Quando sua festa cai na rede 55
- Publicidade no ciberespaço: o uso de nossas informações pessoais, 56
- **Atividades** 58
- **Visões de mundo** – 1984 60
- **Direito é direito** – Marco Civil da Internet 62
- **Indicações** 63

UNIDADE 4 — Exclusão digital 64

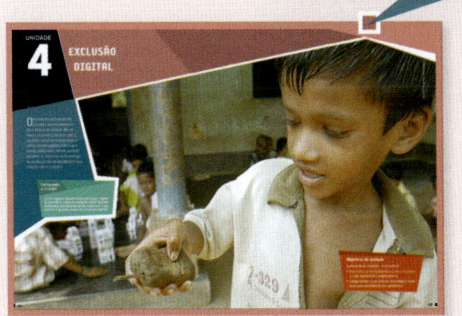

CAPÍTULO 7 – Exclusão e desigualdade na Era Digital 66

- A exclusão digital, 66 – O papel da educação para a inclusão digital, 69

CAPÍTULO 8 – O consumo na Era Digital 70

- A era da informação, 70 – Mercado e consumo na sociedade da informação, 71
- **O estranho familiar** – Planejados para durar pouco 73
- **Atividades** 78
- **Visões de mundo** – O que é ser um excluído digital? – Mapa da inclusão digital 80
- **Direito é direito** – Inclusão digital e social 82
- **Indicações** 83

UNIDADE 5 — Mundo do trabalho e novas tecnologias digitais 84

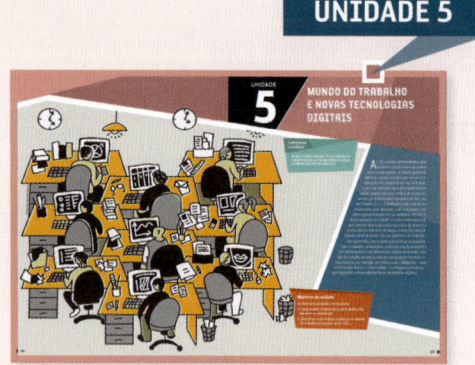

CAPÍTULO 9 – Sociedade em rede e trabalho colaborativo .. 86
- A sociedade em rede, 86 – O trabalho colaborativo, 88

CAPÍTULO 10 – Os infoproletários e o novo mundo do trabalho 92
- A sociedade da informação e as novas formas de organização do trabalho, 92 – Os infoproletários, 93
- **O estranho familiar** – Eletrônicos em Shenzhen 94
- **Atividades** 96
- **Visões de mundo** – Ministério Público do Trabalho (MPT) pede indenização por más condições de trabalho 98
- **Direito é direito** – A Consolidação das Leis do Trabalho 100
- **Indicações** 101

UNIDADE 6 — Sociedade informacional 102

CAPÍTULO 11 – Mídia e controle da informação 104
- Os dispositivos comunicacionais, 104 – O oligopólio da informação no Brasil, 105

CAPÍTULO 12 – Comunicação independente e fontes alternativas de informação 108
- A internet como alternativa à grande mídia, 108
- **O estranho familiar** – O poder da mídia 109
- As TICs como instrumento de mobilização, 110
- **Atividades** 112
- **Visões de mundo** – Estado, violência e vigilância 114
- **Direito é direito** – Informação, um direito de todos 116
- **Indicações** 117

UNIDADE 7 — Governo eletrônico 118

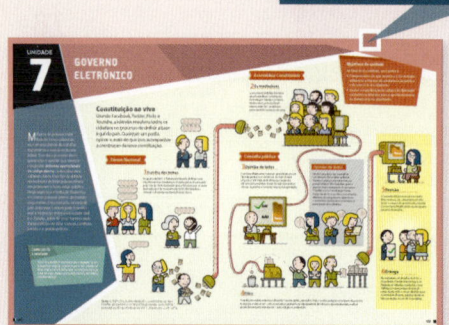

CAPÍTULO 13 – Democracia na Era Digital 120
- As TICs e o Estado, 120
- **O estranho familiar** – Movimento Zapatista: do campo para o mundo 123

CAPÍTULO 14 – Democracia digital e *software* livre 124
- Relação entre democracia e o mundo digital, 124 – *Software* livre, 125 – Democracia digital, 125

- Atividades 128
- Visões de mundo – Democracia digital: internet e participação 130
- Direito é direito – Acesso à internet, direito de todos? 132
- Indicações 133

UNIDADE 8 — Sociedade e Direito da Informática — 134

CAPÍTULO 15 – O direito à informação e o Direito da Informação 136
- O direito à informação, 136

CAPÍTULO 16 – A propriedade intelectual e sua crítica 140
- O Direito de Propriedade Intelectual, 140
- **O estranho familiar** – A liberdade como valor 142
- Atividades 144
- Visões de mundo – Portugal decide: baixar músicas e filmes não é crime 146
- Direito é direito – *Copyright*, *copyleft* e difusão da informação: de que lado você fica? 148
- Indicações 149

UNIDADE 9 — Ciências Sociais e tecnologia — 150

CAPÍTULO 17 – Sociologia da Ciência, conhecimento e novas tecnologias 152
- As Ciências Sociais e a Sociologia da Ciência, 152 – Ciências Sociais e tecnologia, 155

CAPÍTULO 18 – A Inteligência Coletiva 156
- Uma forma plural e dinâmica de construção do pensamento, 156 – Desafios para a construção da Inteligência Coletiva, 157 – Exemplos práticos da aplicação do conceito de Inteligência Coletiva, 158
- **O estranho familiar** – Enciclopédia livre pode ser "tão precisa" quanto tradicional 159
- Atividades 160
- Visões de mundo – A (re)significação das redes sociais *on-line* 162
- Direito é direito – Educação, uma construção coletiva? 164
- Indicações 165

InterAção – Festival de arte e literatura — 166

Referências bibliográficas 168

Começando a unidade

Existe alguma relação entre o processo evolutivo do ser humano e os instrumentos que ele utiliza? Você acredita que a imagem da abertura diz algo a respeito dos impactos das inovações tecnológicas na vida em sociedade?

UNIDADE 1
TECNOLOGIA E SOCIEDADE

A tecnologia tem passado por mudanças cada vez mais aceleradas. Porém, enquanto uma parcela da humanidade acompanha esse ritmo intenso de criação e difusão de equipamentos eletrônicos e de informática, outra fica excluída. Por que isso acontece? Por várias razões. Há pessoas que não participam do mundo virtual por opção, mas muitos são excluídos por não terem acesso a ele ou não saberem lidar com a enorme variedade de recursos da informática. Um computador se torna obsoleto muito rapidamente, e a necessidade de descartar uma grande quantidade de máquinas ultrapassadas cria outro desafio: o de evitar a degradação progressiva e acelerada do meio ambiente.

Nesta unidade veremos como as inovações tecnológicas alteram radicalmente os processos de produção, dando origem à desumanização do trabalho e ao aprofundamento das desigualdades entre os seres humanos.

Objetivos da unidade

Ao final desta unidade, você poderá:
- Compreender que a ciência e a tecnologia são resultado das relações sociais, políticas e econômicas de cada momento sócio-histórico.
- Identificar as transformações no mundo do trabalho que são influenciadas pela renovação das tecnologias da informação e comunicação.

CAPÍTULO 1
Trabalho, ciência e tecnologia

A tecnologia como mediação entre o ser humano e a natureza

Por meio do trabalho, o ser humano transforma a natureza e acumula conhecimentos e informações necessários para a produção de bens e serviços. Essa produção serve para resolver os problemas e desafios que a sociedade apresenta.

Os primeiros agrupamentos humanos já precisavam de produtos que garantissem os meios essenciais de sobrevivência e a reprodução da espécie. Para assegurar a alimentação e a segurança do grupo, passaram a construir abrigos. Para isso, desenvolveram ferramentas utilizando recursos encontrados na natureza, como pedra lascada e polida. A descoberta e o controle do fogo permitiram melhor aproveitamento dos alimentos, assim como a fabricação de armas, cerâmicas, tijolos e, posteriormente, utensílios de metal (figura 1).

As primeiras formas de divisão do trabalho eram realizadas tendo como critérios o gênero e a idade. Um modelo comum consistia na divisão de tarefas entre mulheres e homens, adultos e crianças. Cada grupo era responsável por tarefas como caça, coleta, segurança, artesanato e cuidado com os filhos.

Mais tarde, durante os períodos antigo e medieval, todo o trabalho braçal era exercido por escravos e servos, respectivamente. O desenvolvimento tecnológico nesse longo período de tempo envolveu diversos avanços nas técnicas agrícolas, na arquitetura, na engenharia, na navegação etc. Porém, devido às condições de trabalho, os escravos e servos não eram estimulados a desenvolver melhores técnicas que beneficiassem a produção. Esta foi uma das razões pelas quais o desenvolvimento tecnológico dessa época foi bastante limitado.

O desenvolvimento da ciência durante a modernidade

O declínio do Período Medieval e de seu modo de produção, o feudalismo, trouxe muitas transformações para a Europa Ocidental. O incremento do comércio, o crescimento das cidades, a diminuição da influência da Igreja Católica e a ascensão da burguesia são alguns exemplos de mudanças que vieram com a Idade Moderna. O pensamento e o método científicos se desenvolveram a partir da investigação das causas e funções dos fenômenos.

Figura 1. O domínio da técnica da metalurgia permitiu o desenvolvimento de armas e instrumentos de trabalho utilizados na atividade agrícola.

Na busca de um conhecimento estruturado e capaz de resultados práticos, a ciência aliou-se à técnica. A técnica é o conjunto de procedimentos ligados a uma atividade específica. Nela se unem o saber e o fazer, a teoria e a prática. Um agricultor, por exemplo, usa os conhecimentos que tem sobre plantios, colheitas, pestes, climas etc. e os aplica em seu trabalho, utilizando-se de técnica. A razão, que durante o Período Medieval tinha um caráter contemplativo, assumiu na modernidade um aspecto instrumental. Ficou a serviço da produção de mercadorias e dos diferentes interesses econômicos.

> **GLOSSÁRIO**
>
> **Modo de produção:** maneira pela qual uma sociedade produz seus bens e serviços, a forma como os utiliza e os distribui. O modo de produção de uma sociedade é formado por suas forças produtivas e pelas relações de produção existentes nessa sociedade.

A Revolução Industrial

A Revolução Industrial colocou em prática a transformação do conhecimento científico em tecnologia, o que permitiu uma profunda mudança da realidade. O conhecimento sobre os fenômenos naturais pelas ciências levou ao aperfeiçoamento de técnicas para o processo de produção de mercadorias.

O modo de produção capitalista, em termos gerais, é baseado na legitimidade dos bens privados e na irrestrita liberdade de comércio e indústria, com o principal objetivo de gerar lucro. Esse modo de produção propiciou, desde a Revolução Industrial, a formação de um mercado que compreende as mercadorias produzidas e a força de trabalho usada para produzi-las.

A partir da segunda metade do século XIX, a ciência aplicada à produção industrial avançou ainda mais. O desenvolvimento das indústrias química, elétrica, petrolífera e de aço permitiu a construção de navios e aviões, além da produção de alimentos enlatados, entre outras mercadorias industriais. Esse momento foi denominado Segunda Revolução Industrial.

Na virada do século XX, a ciência passou a ser muito valorizada por sua racionalidade instrumental, que propiciou o desenvolvimento tecnológico. Como decorrência, a maior disseminação das máquinas maximizou o impacto sobre o mundo do trabalho, que já vinha ocorrendo desde a segunda metade do século XVIII. Com o ingresso de todos no processo produtivo, incluindo mulheres e crianças, os trabalhadores cumpriam jornadas de trabalho extensas e desgastantes, que podiam atingir 16 horas diárias ou mais (figura 2).

Figura 2. O trabalho generalizado de crianças e mulheres nas fábricas foi uma das consequências do desenvolvimento da tecnologia aplicada ao processo produtivo no modo de produção capitalista (Estados Unidos, 1914).

A ciência e a tecnologia aplicadas ao processo produtivo no século XX

Taylorismo

Com o crescente aumento da complexidade do processo produtivo, a organização e a racionalização do trabalho passaram a ser áreas de interesse da ciência. Tinha-se como meta evitar o desperdício de tempo e, com isso, ganhar produtividade e lucratividade. Um dos teóricos que desenvolveram esse ramo do conhecimento científico foi o engenheiro estadunidense Frederick Winslow Taylor. Ele criou uma série de normas e funções para organizar o processo produtivo por meio de um rigoroso controle de tempo e de movimentos, além da especialização das atividades.

O nome de Taylor foi usado para batizar esse modelo de organização da produção: **taylorismo**. O método taylorista tinha por objetivo separar o planejamento da execução de tarefas padronizadas. O planejamento seria realizado pela administração e as tarefas padronizadas seriam realizadas pelos trabalhadores. Controle, treinamento e especialização seriam as chaves para o incremento da produtividade do trabalho industrial.

Fordismo

O também estadunidense Henry Ford, proprietário da fábrica de automóveis Ford Motor Company, juntou o método taylorista com suas ideias sobre o processo produtivo e desenvolveu um modelo que ficou conhecido como **fordismo**. Ford mudou as relações de trabalho nas fábricas ao produzir, a partir de 1914, modelos padronizados de automóveis. Seu objetivo era o consumo em massa a preços acessíveis. Ele concebeu uma linha de montagem em série na qual os operários se fixavam em um posto de trabalho e as peças iam passando por eles em esteiras (figura 3).

Esse método provoca no operário, por um lado, uma imensa especialização, já que ele executa uma única tarefa durante toda sua jornada de trabalho. Por outro lado, o operário se torna cada vez mais alienado em relação ao conjunto daquilo que está sendo produzido, pois realiza somente uma parte do produto final. Em virtude da baixa qualificação e escolaridade exigidas aos trabalhadores, a rotatividade nesse modelo era muito grande e o emprego da mão de obra feminina e infantil se intensificou.

O método taylorista-fordista se disseminou pelo mundo sobretudo após a Segunda Guerra Mundial (1939-1945).

Figura 3. Na linha de montagem, cada operário fica responsável por uma única tarefa (Estados Unidos, 1911).

A ciência e a tecnologia na contemporaneidade

O desenvolvimento científico e o decorrente avanço tecnológico têm se caracterizado por apresentar várias contradições. Ao mesmo tempo que cria novas possibilidades de resolução de diversos problemas sociais, causa outros. Por um lado, pesquisas científicas buscam a cura de doenças como Aids e câncer e desenvolvem tratamentos mais eficientes. Por outro, tecnologias militares são capazes de exterminar um número cada vez maior de pessoas. Entre essas tecnologias estão as armas químicas, bacteriológicas e nucleares.

Toyotismo

Ao longo do século XX foram desenvolvidas novas formas de organização do trabalho e da produção. Na superação do taylorismo-fordismo, o modelo que mais se desenvolveu foi o **toyotismo**, criado pelo engenheiro japonês Taiichi Ohno, da fábrica de automóveis Toyota Motor Company.

As características principais desse modelo são a flexibilidade em relação ao que será produzido, estoques baixos, número reduzido de trabalhadores, expressiva robotização e a valorização do trabalhador polivalente, que exerce várias funções no processo produtivo. A adoção do toyotismo provocou expressivo aumento da produtividade, ao mesmo tempo que mantém o controle e a alienação sobre os trabalhadores, que continuam sem poder definir como e o que vai ser produzido.

A ciência e a tecnologia são formas de conhecimento que refletem as contradições existentes na sociedade, estruturada em classes sociais. Elas permitem diferentes formas de controle da natureza e de dominação sobre os grupos humanos. Por um lado, os progressos científicos e tecnológicos podem garantir bem-estar para as pessoas, livrando-as do trabalho pesado. Em contrapartida, o acesso aos seus benefícios é extremamente desigual. Além disso, muitas vezes esses progressos provocam uma elevada e progressiva destruição do meio ambiente (figura 4).

Figura 4. A indústria petrolífera está entre as mais poluentes do mundo. Vazamentos de petróleo têm provocado impactos expressivos no meio ambiente, agredindo a fauna e a flora (Estados Unidos, 2010).

A ciência e a tecnologia não são boas nem ruins. Elas podem criar ou destruir, emancipar ou escravizar, enriquecer ou empobrecer a existência humana. Isso depende sempre da forma como a sociedade se organiza, com o objetivo de integrar os conhecimentos às necessidades sociais e ambientais. Repensar o modelo de desenvolvimento, organização social e distribuição da riqueza são alguns dos grandes desafios das indústrias atuais. O equilíbrio ecológico só é possível na medida em que o país se desenvolve de maneira sustentável. Preservar as condições ambientais para as gerações futuras é essencial para o desenvolvimento sustentável.

CAPÍTULO 2
Capitalismo flexível e novas tecnologias da informação e comunicação (TICs)

Revolução da Tecnologia da Informação e surgimento do capitalismo flexível

Desde o final dos anos 1960, as indústrias enfrentavam grande queda devido ao esgotamento do modelo taylorista-fordista de produção. A crise do mundo capitalista tornou-se mais grave em 1973, quando os países árabes produtores de petróleo, membros da Organização dos Países Exportadores de Petróleo (Opep), aumentaram o preço do barril, provocando uma forte alta nos custos de produção em todo o mundo. Assim, as empresas precisaram buscar alternativas para superar a crise, tomando uma série de medidas que deram origem a um novo tipo de capitalismo, conhecido como **capitalismo flexível**.

As inovações tecnológicas forneceram as bases para a reorganização do processo produtivo. Desde a Segunda Guerra Mundial, muitas descobertas tecnológicas no campo da eletrônica vinham sendo realizadas. Elas possibilitaram o que anos mais tarde seria denominado **Revolução da Tecnologia da Informação**. Ela se refere ao desenvolvimento integrado e acelerado de novas **tecnologias da informação e da comunicação** (TICs) que englobam a microeletrônica, as telecomunicações (internet e telefonia celular), os computadores e a optoeletrônica (transmissão por fibra ótica e *laser*). Veja as figuras 5 e 6.

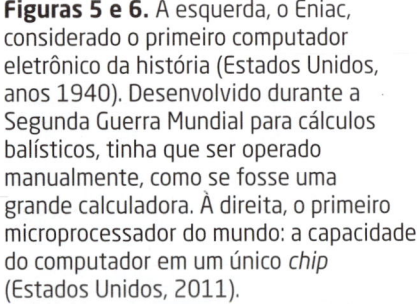

Figuras 5 e 6. À esquerda, o Eniac, considerado o primeiro computador eletrônico da história (Estados Unidos, anos 1940). Desenvolvido durante a Segunda Guerra Mundial para cálculos balísticos, tinha que ser operado manualmente, como se fosse uma grande calculadora. À direita, o primeiro microprocessador do mundo: a capacidade do computador em um único *chip* (Estados Unidos, 2011).

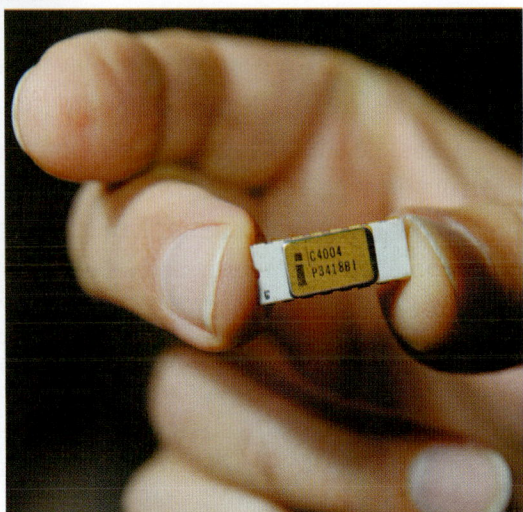

A palavra que melhor expressa as modificações colocadas em prática pelas empresas nesse contexto, de busca por maior lucratividade aliada a uma base técnica radicalmente nova, é **flexibilização**.

O modelo taylorista-fordista é caracterizado por trabalhadores e máquinas exercendo uma única função, mercadorias padronizadas e fabricadas em grande quantidade. O regime de produção flexível, por outro lado, é marcado pelo emprego de computadores que permitem que se programe a quantidade e se personalize os produtos segundo a demanda dos clientes.

As novas estratégias para aumentar a competitividade e a lucratividade das empresas só foram possíveis com a flexibilização da produção (flexível no sentido de que uma mesma base de equipamentos é capaz de fabricar diferentes mercadorias) e dos produtos. A busca por diferentes segmentos nos mercados consumidores (negros, crianças, jovens, mulheres, idosos etc.) e a agilidade para atender às constantes mudanças dos padrões de consumo também têm sido importantes no desenvolvimento dessas novas estratégias produtivas (figura 7).

As variedades de um mesmo item e o constante surgimento de novos exigem que todo o processo produtivo seja reestruturado de forma a se tornar mais flexível. Hoje se exige que as equipes de trabalhadores e máquinas sejam capazes de se adaptar às inovações de toda ordem (figuras 8 e 9).

JUNIÃO

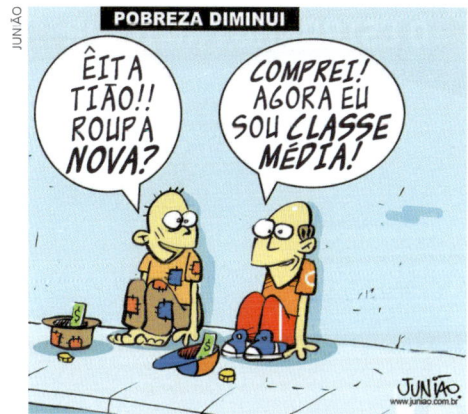

Figura 7. Em 2012, a "nova classe média" era a população com renda familiar *per capita* entre 291 e 1.019 reais a cada mês, segundo a definição da Secretaria de Assuntos Estratégicos (SAE) da Presidência da República. Essa classe vem crescendo e aumentando o nível de consumo a cada ano.

PAUL SAKUMA/AP PHOTO/GLOW IMAGES

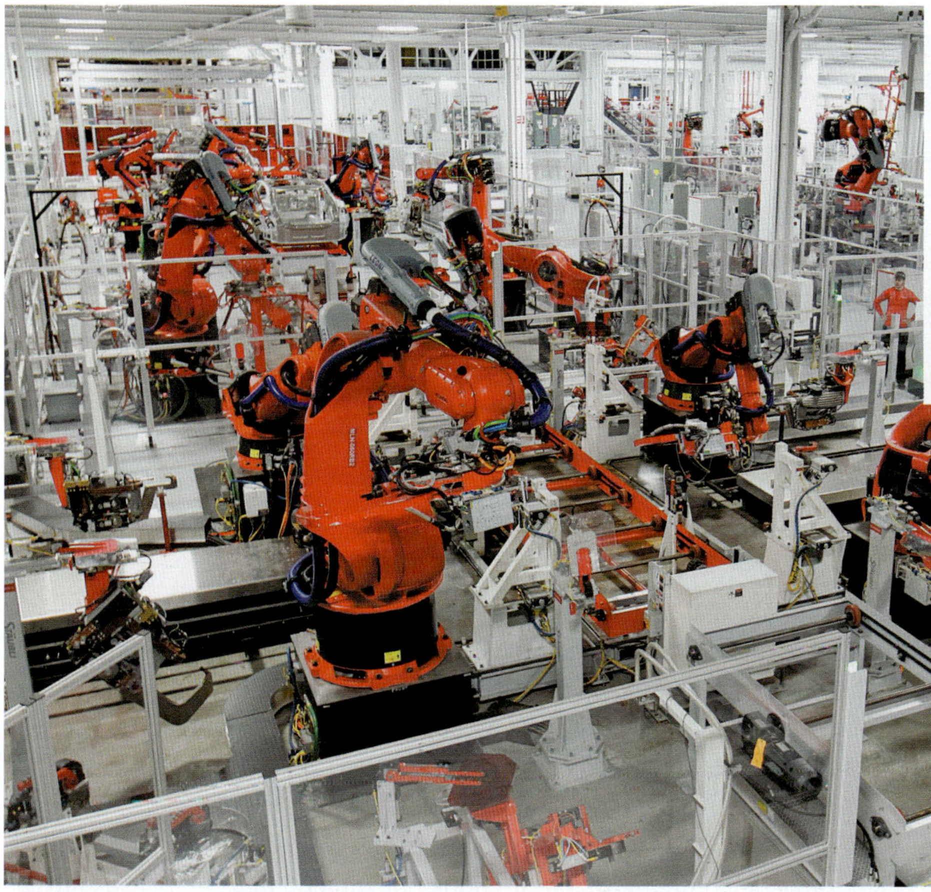

MOHAMED ABD EL GHANY / REUTERS/LATINSTOCK

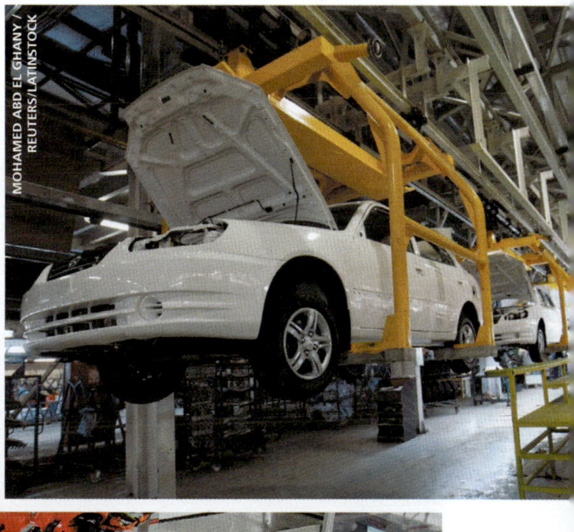

Figuras 8 e 9. A automação e a robótica desempenham um papel fundamental para que os equipamentos sejam reprogramados de forma rápida e sem grandes custos. À esquerda, máquinas montam carros (Estados Unidos, 2012). À direita, a maior montadora de carros do Egito também utiliza-se de androides para agilizar e baratear sua produção (2013).

O ESTRANHO FAMILIAR

Povos indígenas e as tecnologias da informação e comunicação (TICs)

Muitas vezes, ouvimos por aí frases como: "Hoje índio não é mais índio, eles têm até celular!" ou "Onde é que já se viu índio que acessa internet?". Por trás de afirmações como essas, encontramos a ideia de que os povos indígenas no Brasil teriam perdido sua cultura original. Essa impressão geral é difícil de ser sustentada do ponto de vista das Ciências Sociais, já que todas as culturas sofrem influência de outras culturas e se modificam. Assim, é preciso fazer uma indagação: será que o fato de alguns povos indígenas terem acesso às TICs (celulares, internet, computadores) faz com que eles percam seus valores culturais mais fundamentais? Em 1986, o projeto Vídeo nas Aldeias começou a capacitar índios a realizar seus próprios vídeos, de forma que pudessem registrar momentos importantes de seu dia a dia e aspectos de sua cultura que eles considerassem valer o registro em imagem. Hoje, muitos desses vídeos estão disponíveis *on-line* e nossa tarefa será sobre eles.

Atividades

1. Acesse a plataforma do projeto Vídeo nas Aldeias: <www.videonasaldeias.org.br/2009/video.php>.

2. Escreva um ou dois parágrafos sobre aspectos desconhecidos da cultura indígena que você tenha descoberto por meio do *site*. Você acha que o acesso à tecnologia faz com que os indígenas percam o contato com sua cultura original?

Indígena da Aldeia Aiha usando a internet no Parque Indígena do Xingu (MT, 2011).

Globalização

O capitalismo tem, como uma de suas características principais, o objetivo de se universalizar. Entretanto, isso começou a ocorrer apenas no final do século XX. Sob a forma de capitalismo flexível e graças às novas descobertas tecnológicas, as economias de todo o planeta passaram a interligar-se por meio das redes virtuais de informações.

Dizemos que o capitalismo hoje é **global**, pois o processo produtivo se utiliza de componentes fabricados por uma ou mais empresas em regiões muito distantes geograficamente. O aprimoramento da capacidade de processar, armazenar e transmitir grande volume de informações significou a possibilidade de administrar à distância unidades produtivas espalhadas por todo o mundo em tempo real (figura 10). Além disso, para montar um carro, por exemplo, as peças provenientes de diferentes partes do mundo devem se encaixar perfeitamente, precisão conquistada com o emprego da microeletrônica no processo produtivo.

Dessa forma, a capacidade das empresas de competirem em nível internacional é definida, em grande medida, pelas tecnologias da informação de que dispõem. Nesse contexto, a informação e o conhecimento científico se tornam uma mercadoria valiosa.

Os que têm maior capacidade de desenvolver novas tecnologias podem aumentar a produtividade, conhecer e controlar as tendências do mercado consumidor e adaptar-se mais rapidamente às mudanças do comércio. Assim, conquistam vantagens competitivas e se tornam líderes no mercado. Isso faz com que o capitalismo flexível seja extremamente dinâmico.

A globalização não significou, no entanto, que as mudanças tenham ocorrido da mesma forma em todos os países. Na verdade, houve o aprofundamento das desigualdades, já que apenas um pequeno grupo de países concentra a capacidade tecnológica e os mercados (como Estados Unidos, Japão, Alemanha etc.). Nos países periféricos (Brasil, México, Egito etc.) ainda prevalecem processos de produção tayloristas e fordistas caracterizados pela padronização das mercadorias e pelos trabalhos repetitivos, com experiências pontuais de inovação gerencial e tecnológica (figuras 11 e 12).

Figura 10. A comunicação via satélite é um exemplo de como as novas tecnologias facilitaram a integração das unidades produtivas localizadas em qualquer parte do mundo.

Figuras 11 e 12. À esquerda, linha de produção em fábrica de eletrônicos; à direita, fabricação de calças (China, 2012). A difusão tecnológica não significou melhoras nas condições de trabalho para a maior parte das pessoas, que são submetidas a jornadas extensas e movimentos repetitivos para produzir produtos que chegam a ser vendidos por cem vezes o valor recebido por sua produção.

Figura 13. A Alemanha tem uma das menores taxas de desemprego do mundo, mas essa brutal assimetria entre os países é fruto de condições estruturais do atual estágio do capitalismo. Logo, não é possível reproduzir as condições de trabalho da Alemanha em outros países.

Flexibilização, desemprego e precarização

Atualmente, quase todos os países do mundo estão passando por uma fase de transição resultante, entre outros fatores, da necessidade de adequação das empresas a métodos cada vez mais eficientes de competição em um cenário de expansão global dos mercados. Ao mesmo tempo, a revolução tecnológica se aprofunda, criando mudanças radicais na organização da produção, o que acarreta a constante necessidade de combate ao desemprego.

Por um lado, a automação e a robótica significaram a necessidade de trabalhadores cada vez mais instruídos para saber lidar com as novas tecnologias. Por outro, levaram ao fenômeno do **desemprego estrutural**, ou seja, à perda definitiva de postos de trabalho, já que reduz a necessidade de mão de obra. Essa situação hoje atinge até mesmo os países que outrora dispunham de padrões sociais elevados, como Portugal, Espanha e Grécia (figura 13).

Sob o capitalismo flexível não só o desemprego cresceu em todo o mundo, como as formas flexíveis de contrato de trabalho, antes atípicas e pontuais, se tornaram comuns.

A maior mobilidade das empresas pelas diversas regiões do planeta e uma quantidade de desempregados sem precedente desde o pós-guerra enfraqueceram o poder dos sindicatos e facilitaram a imposição de novas condições de trabalho. Elas são caracterizadas, sobretudo, pela **flexibilização das relações laborais**.

Se no modelo taylorista-fordista o emprego era uma experiência de longo prazo e que poderia durar a vida toda, no capitalismo flexível cresce o número de trabalhadores sob contratos temporários. Isso significa que os trabalhadores trocam de empresa constantemente, que muitas pessoas trabalham em períodos parciais e que os trabalhadores terceirizados se multiplicam.

Mas o que é terceirização? Terceirização é quando uma empresa deixa de executar uma ou mais atividades (limpeza, alimentação, vigilância etc.) realizadas por trabalhadores diretamente contratados e as transfere para outra empresa. Com o objetivo de reduzir custos e sob a justificativa de contratar profissionais especializados, o resultado para a classe trabalhadora tem sido baixos salários, alta rotatividade e o não cumprimento dos direitos trabalhistas (figura 14).

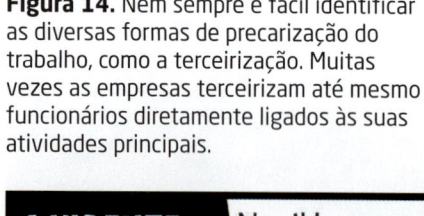

Figura 14. Nem sempre é fácil identificar as diversas formas de precarização do trabalho, como a terceirização. Muitas vezes as empresas terceirizam até mesmo funcionários diretamente ligados às suas atividades principais.

A diversificação dos tipos de trabalho foi acompanhada pela multiplicação das incertezas quanto ao emprego. O caráter precário das novas relações de trabalho está expresso na exclusão de um ou mais benefícios conquistados historicamente pelos trabalhadores (figura 15). Para trabalhadores terceirizados já não existe segurança no emprego, pois eles podem ser demitidos a qualquer momento, por exemplo, quando a procura por determinado produto diminuir. Além disso, os salários são mais baixos em comparação aos dos trabalhadores efetivos e não têm direito à aposentadoria ou a férias remuneradas.

O capitalismo flexível causou transformações radicais em todas as atividades humanas. No mundo do trabalho, assistimos à redefinição da organização da produção e das relações de trabalho, intensificadas a partir de um novo padrão tecnológico. Vivemos uma nova forma de produzir, trabalhar e de nos relacionar.

Podemos compreender que os processos que dão origem à maior instabilidade do trabalho e diminuem a qualidade de vida dos trabalhadores não são consequências necessárias do emprego das novas tecnologias. As tecnologias, em si, não podem ser consideradas responsáveis pelas novas dinâmicas da vida social.

A forma como as tecnologias serão utilizadas e o impacto que terão sobre a vida dos trabalhadores serão frutos da ação humana. As decisões de pessoas, companhias, instituições e governos podem ser tomadas para aprofundar as desigualdades ou gerar condições de trabalho dignas e que respeitem os direitos historicamente conquistados. Essa é uma escolha social, que, portanto, depende da dinâmica de lutas e conquistas que se estabelecem em cada sociedade.

Audiovisual

Consumo contemporâneo e trabalho escravo

Figura 15. Marcha contra o desemprego em Braga (Portugal, 2012). No contexto do capitalismo flexível e do desemprego estrutural, os trabalhadores nem sempre lutam por maiores salários ou melhores condições de exercício laboral. Hoje, muitas vezes, a luta é pela manutenção do posto de trabalho.

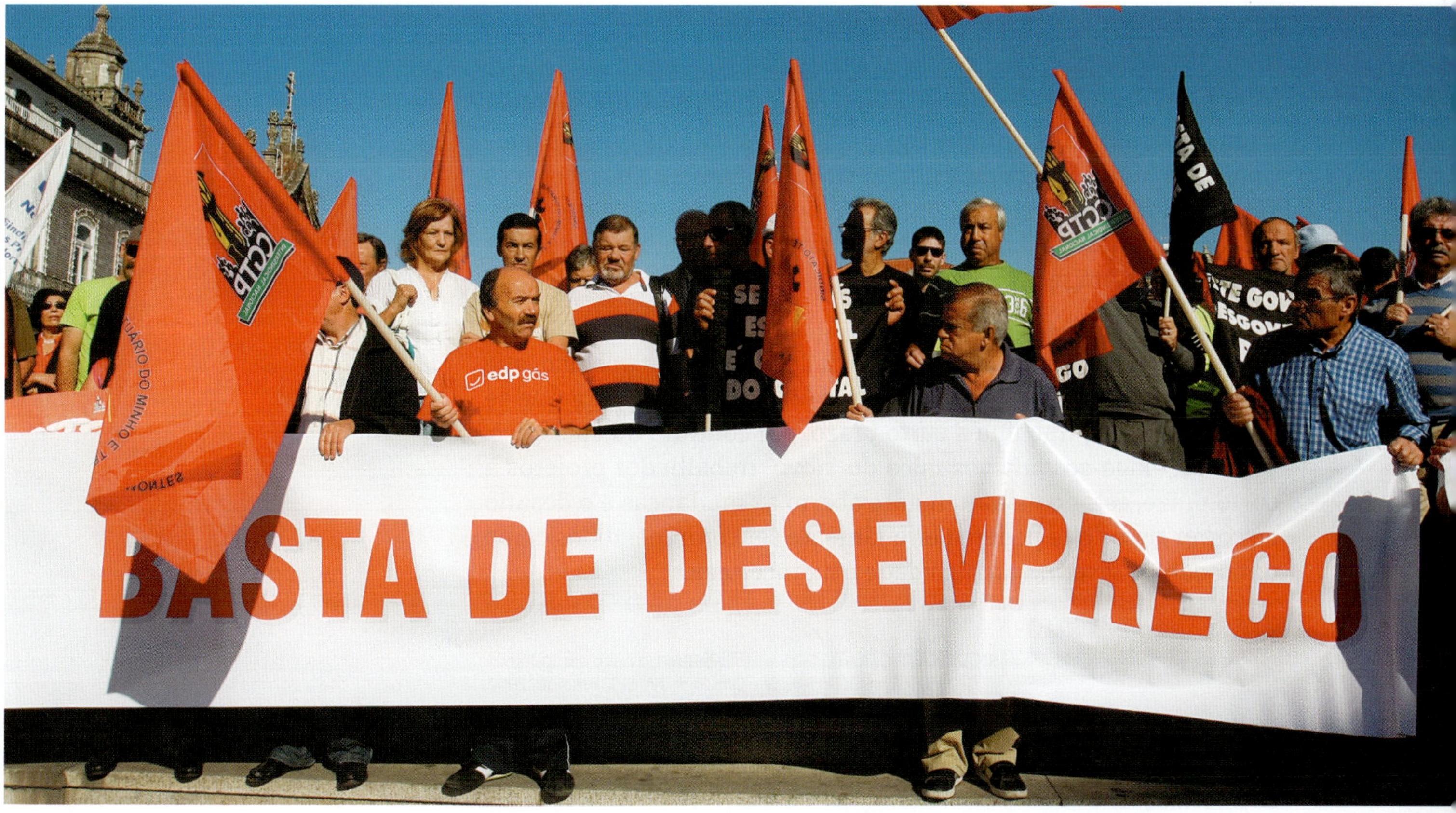

ATIVIDADES

REVISÃO E COMPREENSÃO

1. Nesta unidade, percebemos o desenvolvimento da produção e das relações de trabalho ao longo da história. A tecnologia tem alterado a maneira como as pessoas se organizam socialmente. Desde a produção manual, passando pela Revolução Industrial e pelo fordismo, observamos como o ser humano, a ciência e a tecnologia vêm se modificando.

   No fordismo a tecnologia não produziu melhores condições de vida para os trabalhadores. A linha de montagem aumentava o ritmo de produção e, diretamente, do consumo, mas alienava os trabalhadores especializados, que realizavam a mesma atividade durante todo o dia.

   Na sociedade contemporânea, marcada pelo capitalismo flexível e pelas novas tecnologias da informação e comunicação, as relações de trabalho ganharam contornos diferentes para o trabalhador no que diz respeito às suas condições de trabalho, marcadas pela instabilidade e pela insegurança. A forma de produção também se modificou profundamente.

   Tendo como referência esta unidade, responda:

   a) De que forma o fordismo e o taylorismo aliaram a tecnologia e a ciência ao processo produtivo?
   b) A partir da década de 1970, percebemos o pleno desenvolvimento das chamadas novas "tecnologias da informação e da comunicação" no processo produtivo. Cite três exemplos dessas novas tecnologias.
   c) O que é o capitalismo flexível?

INTERPRETAÇÃO E PRÁTICA

2. Leia o texto abaixo e responda à pergunta que segue:

   "[...]

   O novo capitalismo parece rechaçar tudo aquilo que é estável ou que pressupõe estruturas rígidas. Desse modo, há críticas à rotina e aos horários rígidos, as organizações altamente burocráticas são preteridas em favor de organizações mais planas e flexíveis, as organizações hierárquicas, tipo pirâmide, são substituídas por organizações em redes.

   [...]

   Mediante a contestação da estabilidade no posto de trabalho, que foi conseguida após a Segunda Guerra Mundial, a proposta que se consolida é a do trabalho a curto prazo, por contrato ou episódico, e, assim, exige-se cada vez mais do 'novo' trabalhador projetos a curto prazo, estar constantemente aberto as mudanças e o desafio de correr riscos que podem perfeitamente ser compreendidos como um modo de viver na ambiguidade e na incerteza.

   [...]"

   SIQUEIRA, T. C. A. de. Caráter e trabalho no novo capitalismo.
   Revista Sociedade e Estado, v. 17, n. 1, Brasília, 2002.

   Explique, com base no texto, quais são as mudanças nas relações de trabalho acarretadas pelo capitalismo flexível e pelas novas tecnologias da informação.

3. Observe a imagem ao lado. Ela mostra um médico utilizando uma máscara tipicamente usada pelo grupo *Anonymous*. Esse grupo se caracteriza por ser uma comunidade *on-line* que atua principalmente a favor dos direitos do povo perante seus governantes. Máscaras como essas estão presentes em muitas das grandes manifestações populares do mundo, atualmente. Agora, assinale a alternativa correta.

Considerando o diagnóstico feito pelo médico, verificamos que as modalidades flexíveis do capitalismo contemporâneo:

a) aprofundam a exploração do trabalho e ampliam a vulnerabilidade social, política e econômica do trabalhador.

b) garantem que as pequenas e médias empresas terão êxito em seus negócios, já que o Estado cobre os eventuais prejuízos com os recursos extraídos dos trabalhadores.

c) utilizam cada vez menos a tecnologia em sua dinâmica produtiva, causando muitos danos aos trabalhadores.

d) redefiniram a economia global ao priorizar os trabalhadores da África e da América Latina em detrimento daqueles situados em países desenvolvidos como os Estados Unidos e a Europa.

EXPLORANDO O COTIDIANO

4. Aprendemos que a ciência e a tecnologia devem ser compreendidas em cada contexto social, político e econômico historicamente determinado, ou seja, em cada época histórica na qual os seres humanos desenvolvem meios de atender às suas necessidades. Vimos também que as profundas transformações no mundo do trabalho a partir do final do século XX foram impulsionadas e intensificadas por meio das novas tecnologias da informação e comunicação.

Vamos explorar o cotidiano?

Escolha duas pessoas que estejam empregadas ou que tenham tido alguma experiência de trabalho para fazer uma rápida entrevista. É necessário que uma tenha mais de 60 anos de idade e a outra, entre 18 e 25 anos.

Para cada entrevistado faça as seguintes perguntas, anotando as respostas em seu caderno.

1. Qual é (ou qual foi) sua atividade profissional?
2. Qual é (ou era) o tipo de relação de trabalho (formal ou informal/com ou sem carteira de trabalho assinada)?
3. Em seu trabalho, o(a) senhor(a) utiliza (ou utilizou) alguma máquina ou equipamento mecânico, elétrico ou eletrônico?

Após a entrevista você vai comparar as respostas dos dois entrevistados, procurando perceber as semelhanças e as diferenças e apresentar para a turma os resultados do seu trabalho.

VISÕES DE MUNDO

Os avanços no desenvolvimento tecnológico estão diretamente relacionados à possibilidade do seu uso entre os consumidores comuns. Na economia, estes fenômenos causaram uma grande reestruturação, a partir da década de 1990. Baseada em desregulamentações e privatizações, seus fins são o aperfeiçoamento da produtividade, globalização da produção e direcionamento do Estado à mesma lógica competitiva do Capital.

A Rede e o Ser

"No fim do segundo milênio da Era Cristã, vários acontecimentos de importância histórica têm transformado o cenário social da vida humana. Uma revolução tecnológica concentrada nas tecnologias da informação está remodelando a base material da sociedade em ritmo acelerado. Economias por todo o mundo passaram a manter interdependência global, apresentando uma nova forma de relação entre a economia, o Estado e a sociedade em um sistema de geometria variável. [...] O próprio capitalismo passa por um processo de profunda reestruturação caracterizado pela maior flexibilidade de gerenciamento; descentralização das empresas e sua organização em redes tanto internamente quanto em suas relações com outras empresas; considerável fortalecimento do papel do capital *vis-à-vis* o trabalho, com o declínio concomitante da influência dos movimentos de trabalhadores; individualização e diversificação cada vez maior das relações de trabalho; incorporação maciça das mulheres na força de trabalho, geralmente em condições discriminatórias;

[...]

As mudanças sociais são tão drásticas quanto os processos de transformação tecnológica e econômica. Apesar de todas as dificuldades do processo de transformação da condição feminina, o patriarcalismo foi atacado e enfraquecido em várias sociedades. Desse modo, os relacionamentos entre os sexos tornaram-se, na maior parte do mundo, um domínio de disputas, em vez de uma esfera de reprodução cultural. Há uma redefinição fundamental de relações entre mulheres, homens, crianças e, consequentemente, da família, sexualidade e personalidade.

A consequência ambiental permeou as instituições da sociedade, e seus valores ganharam apelo político a preço de serem refutados e manipulados na prática diária das empresas e burocracias. Os sistemas políticos estão mergulhados em uma crise estrutural de legitimidade, periodicamente atrasados por escândalos, com dependência total da cobertura da mídia e de liderança personalizada e cada vez mais isolados dos cidadãos. [...]"

CASTELLS, M. A Rede e o Ser. In: *A sociedade em rede*. São Paulo: Paz e Terra, 1999. p. 21.

> **GLOSSÁRIO**
>
> *Vis-à-vis*: que faz frente a, ou estabelece relação com. No texto, diz respeito ao fortalecimento do capital perante o trabalho.

Atividades

OBTER INFORMAÇÕES

1. O que aconteceu no final do segundo milênio?
2. Quais implicações esses acontecimentos tiveram para a economia?
3. Cite duas transformações ocorridas nas relações de trabalho.

INTERPRETAR

4. Para o autor, os trabalhadores são favorecidos ou prejudicados com essas mudanças? Justifique sua resposta.

REFLETIR

5. Com seus colegas, reflita e indique duas consequências para os trabalhadores nessas mudanças.

DIREITO É DIREITO

Atividades profissionais iguais, direitos diferentes

A Consolidação das Leis do Trabalho (CLT) é a legislação que rege as relações de trabalho, sejam individuais ou coletivas. O objetivo da CLT é unificar as leis trabalhistas praticadas no país. Todos os empregados registrados em carteira são chamados "celetistas". Além desses profissionais, há também os que trabalham como pessoa jurídica, os profissionais autônomos e os servidores públicos estatutários. O projeto final da CLT foi assinado em 1º de maio de 1943 pelo então presidente Getúlio Vargas.

A legislação brasileira prevê a isonomia de direitos entre o trabalho intelectual, técnico e manual, indenização e estabilidade nos períodos em que o empregado estiver ausente do trabalho por motivo de acidente do trabalho, a igualdade de salários para trabalhadores do mesmo sexo e a não distinção entre o trabalho realizado no estabelecimento do empregador, na casa do empregado ou à distância. Nem todos os trabalhadores brasileiros estão sujeitos à CLT. Empregados domésticos, trabalhadores rurais e funcionários públicos da União, dos estados e dos municípios possuem regimentos trabalhistas diferenciados.

A partir dos anos 1990, no entanto, as relações entre empregadores e empregados estão condicionadas por um cenário mais amplo, marcado pela expansão da tecnologia, pelas crises do capitalismo e pelo enfraquecimento das entidades representativas das classes trabalhadoras. O clima é de prevalência do capital em face do trabalho. Daí a tendência à flexibilização e desregulamentação das relações de trabalho.

Nesse novo contexto são criadas novas formas de regulação das relações entre patrões e empregados. Um dos exemplos é a regulamentação das formas de contratação temporária, que permite às empresas reduzirem seu custo na dispensa de funcionários, o que facilita o processo de reorganização produtiva no Brasil.

Desse modo, é comum encontrar na mesma empresa ou instituição trabalhadores que exercem a mesma atividade profissional, mas que possuem contratos diferenciados, o que resulta em direitos também diferenciados.

> **GLOSSÁRIO**
>
> **Isonomia:** condição dos que são iguais perante a lei.

> **Reflexão**
>
> Reflita sobre as atitudes que podem ser esperadas dos Estados para que os direitos trabalhistas não se percam na nova lógica de produção.

INDICAÇÕES

Para ver

▸ **Tempos modernos**

Direção: Charles Chaplin. Estados Unidos, 1936.

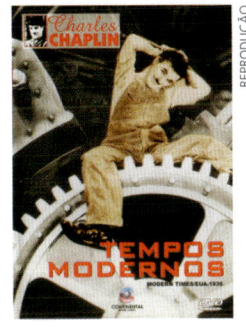

O filme retrata de forma cômica e trágica o conflito entre homem e máquina. As inovações científicas e tecnológicas e a precariedade das relações de trabalho convivem juntas no mesmo espaço físico, na fábrica. O filme permite a compreensão da relação do taylorismo com o fordismo; no caso, no alinhamento da ciência com a produção fabril.

▸ **China Blue**

Direção: Micha Peled. Estados Unidos, 2005.

O documentário é um retrato da exploração de jovens trabalhadoras em uma indústria têxtil chinesa. Acompanha a rotina e a perspectiva tanto do dono da indústria como das trabalhadoras. Retrata como a cadeia global de roupas é abastecida por calças *jeans* produzidas sob condições de trabalho análogas à escravidão e a reação e luta das trabalhadoras por melhorias. O documentário ganhou diversos prêmios em festivais internacionais.

Para ler

▸ **Pai sem terno e gravata**

Cristina Agostinho.
São Paulo: Moderna, 2002.

A obra trata de decadência econômica de uma família de classe média após os pais perderem o emprego. Os problemas da família, como a necessidade de vender o carro, dispensar a empregada doméstica e mudar de endereço, são tratados a partir da ótica de Andreia (Dedeia), uma criança de dez anos. Vencedora do Prêmio Adolfo Aizen da União Brasileira de Escritores na categoria Melhor livro juvenil – Realidade, em 1993, a obra permite uma abordagem sobre temas como as modernas relações de trabalho e os impactos sociais do desemprego.

▸ **Burgueses e operários na era industrial**

Ana Cláudia Fonseca Brefe. São Paulo: Atual, 2003.

A Revolução Industrial provocou profundas transformações sociais. Uma dessas transformações refere-se à relação entre burgueses e proletários, interação muito diversa daquela antes existente entre mestres e aprendizes. A obra permite explorar os conflitos entre capital e trabalho e verificar algumas consequências da ascensão da burguesia e do crescimento da classe trabalhadora. Além disso, permite que alunos e professores possam discutir o impacto das transformações tecnológicas no mundo do trabalho e na própria vida em sociedade.

Para navegar

▸ **Organização Internacional do Trabalho – Escritório no Brasil**

<www.oitbrasil.org.br>

O *site* do Escritório no Brasil da Organização Internacional do Trabalho permite que professores e alunos possam acessar inúmeras informações relevantes relativas aos temas trabalho e sociedade. Entre essas informações estão a história da organização, documentos nacionais e internacionais, publicações, normas ratificadas e não ratificadas pelo Brasil, vídeos e temas variados, como emprego juvenil, trabalho infantil e trabalho escravo.

UNIDADE 2

O MUNDO EM REDE

Televisores, telefones celulares, internet, jogos virtuais, *scanners*, microcâmeras... Esses aparelhos e tecnologias condicionam indivíduos e coletividades a novas formas de relacionamento, a novas dinâmicas de vida e a novas noções de tempo e espaço.

Pense em um grupo de jovens conversando em uma rede social. Essa comunidade virtual se reúne porque seus membros possuem afinidades e/ou interesses comuns. As novas tecnologias permitem a compressão do espaço que, até pouco tempo atrás, era obstáculo para a formação de grupos. Assim, os membros de um grupo se restringiam a pessoas que frequentavam um mesmo espaço. Atualmente, uma comunidade virtual pode contar com pessoas que residem em uma pequena cidade rural do Amapá, na grande São Paulo, em Nova York ou em qualquer outro lugar do planeta.

Começando a unidade

As imagens da abertura da unidade propõem que a internet causa um forte impacto em nossa vida. Por que algumas dessas imagens sugerem que a internet alterou radicalmente as noções de tempo e espaço? Qualquer comunidade pode existir no mundo virtual? Como o virtual se relaciona com o real?

Objetivos da unidade

Ao final desta unidade, você poderá:
- Compreender as transformações sociais relacionadas com o surgimento da internet.
- Identificar novas formas de relação e organização social estabelecidas no mundo virtual.

Apesar de conectar virtualmente qualquer pessoa no mundo, a internet também pode causar isolamento social.

CAPÍTULO 3

A internet e a constituição do mundo virtual

A história da internet

Atualmente, o contato que alguém estabelece com pessoas de outras partes do mundo pode ser mais constante e íntimo do que aquele que tem com um vizinho. Uma comunidade virtual mantida na rede mundial de computadores, a internet, não possui um lugar único de referência. Ela existe onde quer que estejam seus integrantes. Apesar de não ser presencial, essa forma de comunicação possibilita o compartilhamento de projetos, paixões, conflitos e interesses. Além disso, pela internet é possível formar laços de amizade, estabelecer relações de trabalho e acessar informações, canais de entretenimento etc. O desenvolvimento e a popularização da internet são os principais suportes para essas novas relações.

Apesar de associarmos muitas vezes a internet ao entretenimento, o surgimento dessa rede está diretamente ligado às disputas entre a antiga União Soviética (URSS) e os Estados Unidos, durante a Guerra Fria. A corrida tecnológica era uma das estratégias das duas superpotências para buscar a hegemonia.

Em 1957, a URSS havia demonstrado ao mundo sua enorme capacidade tecnológica com o Projeto Sputnik, por meio do qual lançou o primeiro satélite artificial ao espaço. Nesse contexto de disputa, lideranças políticas e militares estadunidenses encomendaram estudos para a construção de linhas de comunicação que continuassem funcionando mesmo após um eventual ataque nuclear por parte dos soviéticos (figuras 1 e 2).

> **GLOSSÁRIO**
>
> **Guerra Fria:** conflito ideológico ocorrido no período histórico compreendido entre o final da Segunda Guerra Mundial (1945) e a extinção da União Soviética (1991). Caracterizou-se por disputas estratégicas e confrontos indiretos entre os Estados Unidos e a União Soviética.
>
> **Superpotência:** país que se destaca por seu poderio econômico e militar, em especial no que diz respeito a armas atômicas.

Figuras 1 e 2. A corrida tecnológica impulsionada pelos conflitos militares entre Estados Unidos e União Soviética levou à criação da internet. Na foto acima, um técnico manipula o Sputnik (URSS, 1957). À direita, operadores trabalham no supercomputador Illiac IV (Estados Unidos, 1976).

Para isso, cientistas militares dos Estados Unidos desenvolveram a Arpanet, uma rede de comunicação interna de computadores da Agência de Investigação de Projetos Avançados (Arpa, sigla em inglês). Essa rede teve forte apoio financeiro do departamento de defesa do país. A ideia era clara: conectar computadores com informações estratégicas sem a necessidade de um computador principal que controlasse todo o sistema.

A inexistência de um computador central evitaria o perigo de perda de informações em casos de ataques localizados. Em 1969 essa rede já funcionava com um sistema de trocas de mensagens eletrônicas, o que conhecemos hoje como *e-mail*. Assim, estavam construídas as condições para uma nova forma de comunicação e relacionamento entre as pessoas.

A partir da década de 1990, com o fim da Guerra Fria, essa tecnologia foi progressivamente disponibilizada para a sociedade civil, principalmente a partir de 1992, quando foi criada a rede mundial de computadores, ou *World Wide Web* (www, sigla em inglês).

O que é o virtual?

Virtual é aquilo que ainda não existe, mas pode vir a existir. Em outras palavras, é o que existe potencialmente. Por exemplo, a árvore existe, virtualmente, na semente. Em seu sentido original, o virtual não se opõe ao real, mas ao atual, àquilo que existe concretamente. Por exemplo, um time favorito em uma competição é o virtual campeão.

Uma comunidade ou uma informação virtuais não apresentam uma expressão física determinada. Elas não dependem de um espaço físico ou geográfico comum nem de um tempo comum. Para existir, precisam apenas de suportes materiais, como um telefone celular ou um computador com acesso à internet. Como exemplos de interações virtuais, podemos citar as relações em tempo real por meio das redes eletrônicas, as transmissões televisivas ao vivo, os sistemas de ensino baseados na telepresença, a comunicação por secretária eletrônica ou por *e-mail* etc.

O mundo virtual refere-se a um conjunto de relações sociais estabelecidas de modo não presencial e sem uma expressão territorial ou física (figura 3). Essas relações são possíveis pela utilização de tecnologias como microeletrônica, biotecnologia e tecnologia digital, desenvolvidas principalmente a partir dos anos 1970.

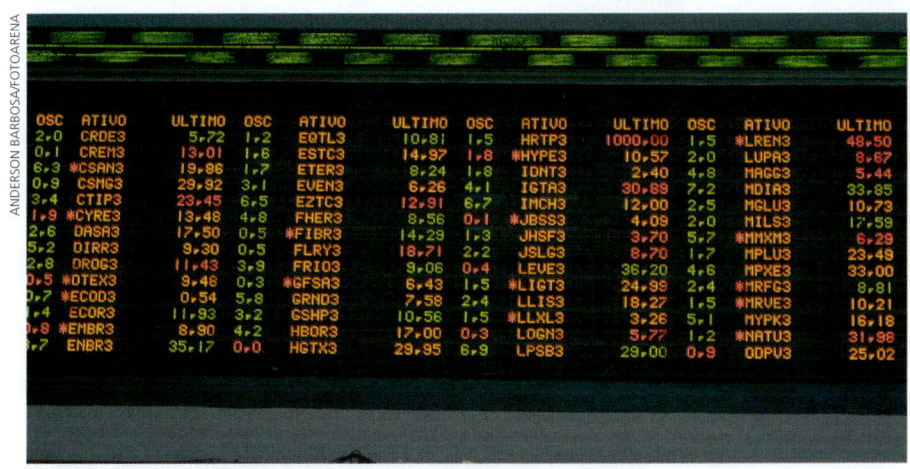

Figura 3. Embora virtuais, as ações realizadas via internet podem produzir efeitos concretos. Nós nos comunicamos por aparelhos eletrônicos e compramos, virtualmente, produtos que serão entregues em nossa casa. As empresas podem fazer grandes investimentos sem que ninguém toque em uma moeda sequer. Na foto, painel eletrônico da Bolsa de Valores de São Paulo (São Paulo, 2011).

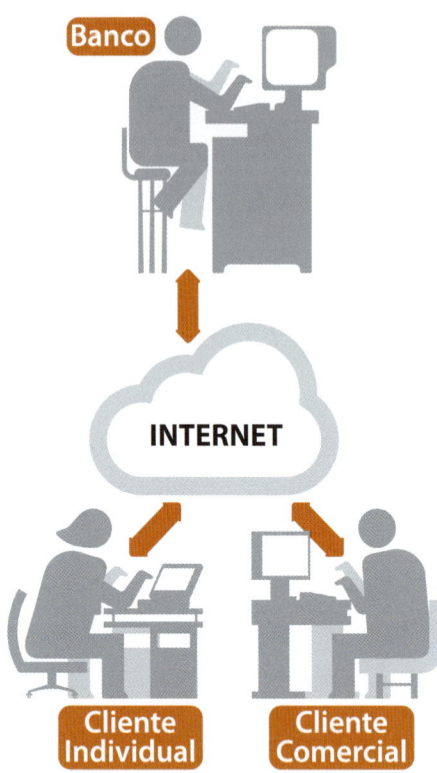

Figura 4. As instituições financeiras (bancos, casas de câmbio, financeiras) criaram um sistema rápido e eficiente para favorecer a transferência de capital e a comercialização de ações por meio da internet.

Figura 5. Trens-bala na estação de Fukuoka (Japão, 2012). A popularização dos transportes rápidos envolve um número cada vez maior de pessoas e muda a forma como concebemos as distâncias e o tempo.

Internet e sociedade

Já vimos que nossa vida está fortemente integrada ao chamado "mundo virtual" em várias dimensões e que o virtual traz impactos reais para o nosso cotidiano. Basta pensar na quantidade de informações pessoais que disponibilizamos no mundo virtual e nas incontáveis interações sociais que realizamos nos computadores, *tablets* ou celulares.

Por isso, do ponto de vista das Ciências Sociais, a oposição entre mundo virtual e mundo real não é a melhor maneira de entender o mundo em rede. Afinal, essa comparação pode sugerir que o virtual não tem impactos reais em nosso cotidiano. Veremos agora algumas das transformações que o mundo virtual tem provocado na organização social.

Capitalismo em rede: novas formas de produção e consumo

A intensa utilização da internet e das tecnologias virtuais causou forte impacto na produção e no consumo globais: hoje, é possível produzir várias partes de um produto em indústrias de diferentes lugares. Também é possível comprar mercadorias provenientes de lugares geograficamente muito distantes. A movimentação econômica de um país pode ser determinante para o mercado financeiro mundial. A robotização da produção, o uso de *softwares* de planejamento e gestão, as transações financeiras *on-line* e a flexibilização do trabalho mostram quão estreito é o vínculo entre o mundo virtual e as relações econômicas dominantes no planeta (figura 4).

Comunicação e pluralidade de tempos e espaços

Cada novo sistema de comunicação e de transporte altera a percepção que temos das distâncias. As inovações nos meios de locomoção possibilitam o alcance mais rápido de espaços distantes, fazendo que as distâncias pareçam mais curtas.

A multiplicação dos meios de comunicação e o crescimento dos gastos com eles ocorrem de forma paralela ao desenvolvimento da mobilidade física (figura 5).

Figura 6. Depois da difusão da internet, as empresas encontraram outras formas de fazer negócio e de contratar serviços. Hoje, é cada vez mais comum as pessoas trabalharem em casa ou em qualquer lugar com conexão à internet.

Outro exemplo das consequências da virtualização está nas novas relações de trabalho que se estabelecem com a digitalização empresarial. O funcionário de uma empresa tradicional se deslocava de sua casa para o local de trabalho. O empregado de uma empresa virtual transforma seu espaço privado (casa) em um espaço público (local de trabalho) e vice-versa (figura 6). Os limites se confundem.

Crimes virtuais

Os crimes virtuais, também chamados de crimes cibernéticos, podem apresentar uma grande variedade de formas e ações. Com a popularização da internet, houve uma mudança significativa na noção de intimidade e privacidade. Antigamente, a palavra intimidade era restrita ao ambiente doméstico e familiar. Hoje, nossa intimidade é quase pública.

A internet é um ambiente no qual, na maioria dos países, é possível transitar livremente. Essa reconfiguração da vida íntima traz problemas a muitos indivíduos que expõem seus sentimentos, desejos, amores etc. na rede mundial de computadores. As informações expostas podem levar à consumação de muitos crimes. A disseminação de vírus, a reprodução indevida de imagens ou comentários ofensivos nas redes sociais são exemplos comuns de crimes praticados pela internet.

GLOSSÁRIO
Alienação: processo no qual a consciência do indivíduo se torna estranha a si mesma, afastada de sua real natureza. Alheamento do mundo real.

Ciberbullying

A utilização das redes sociais virtuais para intimidação, ofensa e humilhação pública de outras pessoas pode provocar sofrimentos aos usuários. Essa prática é chamada de *ciberbullying*.

Antes da disseminação da internet, as provocações, as humilhações e as intimidações eram presenciadas nas escolas, nas ruas ou nos locais de trabalho. Hoje, elas podem se estender para a esfera virtual. A gravidade do delito é a mesma, já que esse tipo de violência causa danos psíquicos e sociais. Geralmente, os jovens são a parcela da população que passa mais tempo vinculada às redes sociais, e eles são os que mais se envolvem nesse tipo de crime.

Os crimes ocorridos no mundo virtual vêm causando mudanças significativas na esfera jurídica de muitos países. No Brasil, desde 2012 o Código Penal prevê sanções que vão desde a multa até a reclusão para aqueles que cometem crimes pela internet.

Comunidades virtuais

A internet gera isolamento social e alienação? Ela fragiliza os laços sociais? Ou ela possibilita o alargamento das interações sociais e produz indivíduos mais informados e ativos politicamente? Veja a figura 7.

Figura 7. A internet afasta ou aproxima? Será que esse não é um questionamento simplista demais?

Muitos estudos afirmam que o nível de envolvimento comunitário e político, as interações face a face e aquelas baseadas em outras tecnologias — como o telefone — não se alteram significativamente pelo uso da internet. Alguns apontam até mesmo efeitos positivos da variedade de fontes de informação a que seus usuários estão expostos. De fato, um internauta pode estar conectado a vários assuntos, como arte, literatura e cinema.

Contudo, de forma geral, as atividades na internet levam a uma menor interação social. O isolamento ocorre em casos mais específicos, quando as interações *on-line* se sobrepõem às outras e substituem atividades sociais não virtuais.

Individualismo em rede e as comunidades virtuais

Observando mais atentamente, de fato a internet parece não substituir formas mais tradicionais de convivência, mas certamente significa o surgimento de um novo suporte tecnológico para a sociabilidade. Ela pode ser vista como um novo **padrão de interação social**. Esse novo padrão tem como característica principal a diminuição da importância do lugar físico e da família para o estabelecimento dos laços sociais.

Essa alteração dos padrões tradicionais nas escolhas se dá porque os indivíduos passam a eleger suas relações com base em afinidades, formando novas redes de interação. Esse comportamento é compreendido como um **individualismo em rede**. O individualismo aqui não é usado no sentido de isolamento, mas sim da formação de redes de convívio físico e *on-line* com base em valores e interesses particulares.

As **comunidades virtuais** expressam e sustentam esse novo tipo de sociabilidade. Podemos entrar ou sair de uma comunidade segundo nossos interesses, selecionar as pessoas com as quais queremos interagir e reconstruir continuamente nossas relações sociais. Isso não significa que as comunidades virtuais sejam menos eficazes na criação de laços sociais que as comunidades físicas, mas sim que ocupam uma posição central na difusão do novo padrão de sociabilidade baseado no individualismo.

Com base no que estudamos neste capítulo, podemos afirmar que a tecnologia transforma as relações entre os seres humanos e seus ambientes físicos (naturais ou artificiais), seus aspectos culturais, políticos e econômicos. Assim, as sociedades são condicionadas pelo conjunto das técnicas e tecnologias que desenvolvem. É o caso da relação entre internet e economia.

A internet e as tecnologias a ela associadas abrem diferentes possibilidades à criatividade humana. Mas o que vamos fazer com essas novas ferramentas virtuais depende sempre dos valores e das relações que estabelecemos com nosso meio social e com as escolhas que fazemos.

CAPÍTULO 4

Cibercultura

Cultura eletrônica

A cibercultura, ou cultura eletrônica, reflete a realidade contemporânea das comunicações humanas. Como já vimos, essa realidade é composta tanto da vigilância e do controle social quanto da velocidade e da liberdade provocadas pelas novas tecnologias disponíveis por meio da convergência das telecomunicações e da informática a partir da década de 1970.

A cultura eletrônica é produzida em um universo composto de *hackers*, cientistas, ativistas, usuários comuns etc., que estão imersos no universo digital. Especialmente nos centros urbanos, cada vez mais as atividades do dia a dia são mediadas por aparelhos eletrônicos (figura 8). Caixas eletrônicos, terminais de autoatendimento, telefones celulares, leitores digitais e computadores possibilitam a conexão e a transmissão imediata de dados.

Na internet, a pesquisa científica institucional, os projetos militares e a cultura de liberdade deram forma a novos processos culturais. Essa combinação improvável permitiu a liberação da expressão pública e o compartilhamento da **memória coletiva** em escala mundial. Essa memória é formada por fotografias, vídeos, músicas, ideias, conteúdos e informações de todos os tipos.

Figura 8. É cada vez mais difícil afastar-se da cibercultura, que permeia muitos aspectos essenciais da vida em sociedade.

Esses novos formatos de produção e consumo de informação interferem nas relações sociais, econômicas e políticas e ditam o ritmo das transformações sociais no século XXI.

Ciberespaço

Ciberespaço é o meio de comunicação que surge da interconexão mundial dos computadores, incluindo a infraestrutura da comunicação digital e a infinita rede de conteúdos e informações disponibilizadas na internet. Quando falamos de ciberespaço, não nos referimos apenas à base digital, mas também ao conjunto de informações circulantes e às pessoas que nutrem a dinâmica desse espaço.

Cibernética

Cibernética é um ramo do conhecimento que tem como objetivo final a criação de sistemas operacionais capazes de tomar decisões com base em ações prévias do próprio sistema.

O princípio básico da cibernética é similar ao do funcionamento de um organismo animal. No nosso corpo, por exemplo, o cérebro recebe informações dos músculos para continuar funcionando normalmente. Quando isso não ocorre, caracteriza-se um transtorno neurológico caracterizado pela falta de coordenação de movimentos musculares voluntários.

Para Norbert Wiener, matemático estadunidense que concebeu o termo após a Segunda Guerra Mundial, a cibernética seria uma ferramenta tecnológica de terceira geração, ou seja, uma evolução da mecânica e da elétrica. Ela deveria ser utilizada para criar um tipo de vida mais funcional e automatizado.

Marshall McLuhan, um filósofo canadense muito produtivo na década de 1960, também estava preocupado com os rumos políticos e morais que a sociedade ocidental trilhava. Ele acreditava que a conexão dos computadores em rede poderia transformar a humanidade em uma só família, promovendo a harmonia e a paz coletivas – uma aldeia global (figura 9).

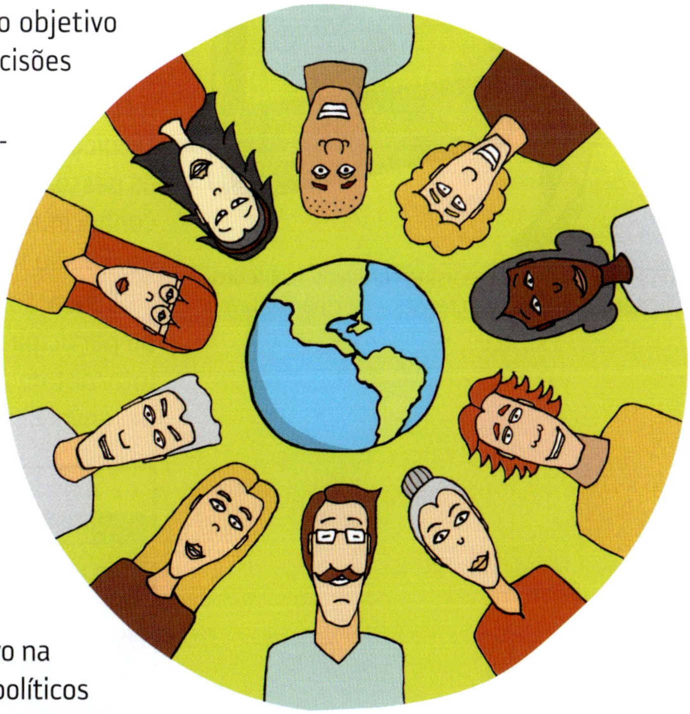

DIEGO SCHUTMAN/SHUTTERSTOCK

Figura 9. A relação entre máquinas e seres vivos, base da ideia de cibernética, levou a posições otimistas sobre a superação dos conflitos mundiais em torno da ideia de uma aldeia global.

As redes sociais *on-line*

Listas de discussão por meio de correio eletrônico, comunidades virtuais científicas, *blogs*, *wikis*, *microblogs* etc. são formas de colocar as pessoas em contato, socializar ideias e estabelecer, na internet, uma vida pública associativa. Essa nova maneira de estabelecer vínculos sociais não substitui as antigas, mas intensifica os contatos, tornando possível romper barreiras no tempo e no espaço.

Na cibercultura configura-se um universo de objetos, imagens e informações que levam ao compartilhamento de valores como o respeito pelas diferenças e o culto da libertação pessoal. As manifestações desses valores valem-se do humor e da livre expressão, constituindo novos procedimentos sociais que levam a novos objetivos e formas de legitimação social.

Essas novas formas, muitas vezes, trazem simultaneamente elementos contraditórios. Consumismo e ecologia, sofisticação e espontaneidade, inovação e conservadorismo apresentam-se como combinações possíveis e aceitáveis. A ampliação do universo de escolhas foge das posições firmes e únicas próprias da cultura da modernidade que antecedeu a difusão da internet.

Nesse contexto destacam-se também o narcisismo e a valorização dos corpos e das imagens (figura 10). O narcisismo é o amor pela própria imagem. Em estágios avançados, pode significar afastamento do mundo social e incapacidade de pensar no outro.

Inclusão digital

No Brasil, a exclusão digital faz parte de um cenário sócio-histórico de desigualdades (figura 11). O acesso aos meios digitais, em especial à computação e à internet, pode contribuir para promover, além do uso técnico das novas tecnologias, outras formas de inclusão social. Para que as pessoas possam aprender a transformar as informações disponíveis em conhecimento, as políticas públicas de inclusão digital devem ultrapassar uma visão meramente técnica.

Educação e comunicação devem ser aliadas para integrar novas formas de participação na política, na arte e no lazer. Nesse sentido, o acesso à internet de alta velocidade por toda a população é fundamental para o desenvolvimento social, econômico e cultural do país.

Figura 10. O narcisismo cultivado nas redes sociais é uma característica da cibercultura.

Figura 11. A inclusão digital ainda precisa contemplar a superação de outras formas históricas de desigualdade (de renda, racial, de gênero etc.).

O ESTRANHO FAMILIAR

Como sua vida se tornou virtual?

Nossos avós e bisavós viveram, divertiram-se e organizaram festas e encontros sem as tecnologias disponíveis nos dias de hoje: internet, *smartphone*, *tablet*, entre outras. Por isso, devemos estranhar nossa constante sensação de que as TICs que nos cercam são necessárias para todas as atividades que realizamos. Você já teve a experiência de perder seu telefone celular ou esquecê-lo em casa? Qual foi sua sensação? De pânico, possivelmente. De fato, as TICs estão tão arraigadas em nosso cotidiano que às vezes é difícil imaginar a vida sem elas.

Atividade

Escolha um dia qualquer e registre no caderno todos os momentos em que usou alguma dessas tecnologias. Segue abaixo uma proposta de ficha de anotações, que pode ser adaptada, se necessário:

a) Quantos *e-mails* você enviou?
b) Quantos *e-mails* sua conta de *e-mail* indica que você já enviou e recebeu até o dia escolhido?
c) Quantas ligações de celular você recebeu?
d) Quantas ligações de celular você efetuou?
e) Quantas mensagens de SMS ou via aplicativos de troca de mensagens instantâneas você enviou?
f) Quantas redes sociais você acessou?
g) Quanto tempo você ficou conectado às redes sociais?
h) Quanto tempo você permaneceu conectado à internet (pelo computador, *tablet* ou celular)?
i) Quantas fotos publicadas em redes sociais você possui?

De posse dessas informações, elabore um texto com base na seguinte indagação: *Minha vida é muito "virtual"*? Ao longo do texto, reflita sobre os dados coletados, considerando o tempo em que permanece *on-line* e a quantidade de informações sobre sua vida pessoal no ciberespaço.

Estaríamos muito dependentes das ferramentas virtuais para viver?

ATIVIDADES

REVISÃO E COMPREENSÃO

1. Tendo como referência os assuntos estudados nesta unidade:
   a) Explique brevemente o contexto do surgimento da internet. Qual era sua função?
   b) Cite e explique um dos possíveis crimes cometidos pela internet.

INTERPRETAÇÃO E PRÁTICA

2. Relacione a imagem abaixo com o conceito de cibercultura.

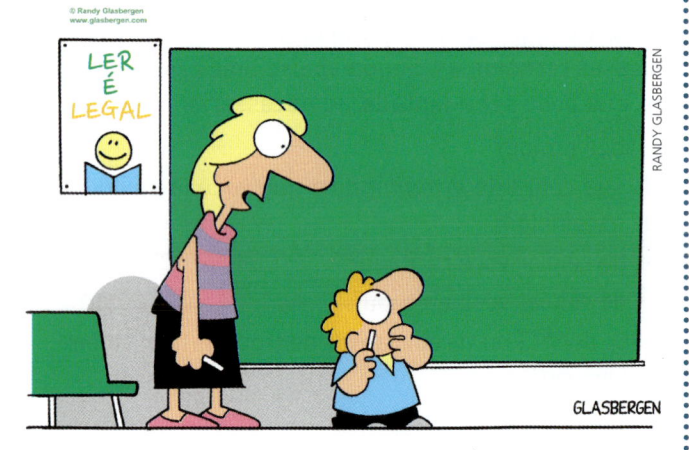

   "Não tem ícones para clicar. É uma lousa."

3. Interprete a seguinte afirmação: "toda técnica ou tecnologia existente é produzida por uma sociedade culturalmente referenciada. Por sua vez, essa mesma sociedade também é condicionada pelo conjunto das técnicas e tecnologias que logrou desenvolver".

4. Leia o texto abaixo:

   O acesso à rede mundial de computadores produziu um debate sobre os direitos humanos. Um texto da ONU de 2011 estabeleceu que a navegação na rede é direito fundamental de todo indivíduo. Nos termos do documento internacional, o acesso à internet contribui para o desenvolvimento da sociedade e possibilita que os usuários exercitem o livre direito de manifestar opiniões, além de ser uma ferramenta que auxilia o acesso a informações fundamentais para o compartilhamento e a construção do conhecimento.

   Podemos afirmar que a internet construiria um mundo virtual se contasse com a participação de todos os cidadãos? É correto afirmar que a rede mundial dos computadores democratiza o acesso às informações? Justifique sua resposta.

5.
   a) Que tipo de comportamento você identifica na charge?
   b) Qual seria a explicação para esse tipo de comportamento?

6.

   A história representada no cartum acima nos serve como base para a reflexão sobre reprodução e combate a comportamentos referentes ao *bullying* nas relações virtuais e físicas presentes no ambiente escolar. A tentativa da personagem de combater a prática de *bullying* virtual dentro da escola, por meio da proibição do uso de redes sociais nos laboratórios de informática, acaba não surtindo efeito, o que pode ser interpretado na fala do menino.

   Com base na situação apresentada pelo cartum e na leitura da unidade 2, apresente uma argumentação capaz de explicar a ineficácia da proposta feita pela personagem de combater o *bullying* na escola por meio da proibição do uso das redes sociais nos laboratórios de informática.

7.

Como a cibercultura contribui para o desenvolvimento educacional das pessoas? Aponte dois aspectos negativos e dois positivos das redes sociais virtuais.

O QUE PENSAMOS SOBRE

8. Após a leitura do capítulo 4, reúnam-se em grupos de, no máximo, cinco participantes para realizar um debate sobre o funcionamento e o impacto do ciberespaço nas relações cotidianas. Produzam um texto explorando as posições do grupo a respeito de temas como: relações de trabalho, entretenimento (*games*), consumo, estudo e pesquisa, lazer e comunicação (Facebook, *chats*, Twitter, *e-mail*).

EXPLORANDO O COTIDIANO

9. Nesta unidade aprendemos sobre as transformações sociais que foram condicionadas pelo surgimento da internet e identificamos as novas formas de relação e organização social que se estruturam no mundo virtual. Compreendemos também os desafios dos cidadãos do século XXI, imersos em informações que precisam ser selecionadas, filtradas, analisadas e avaliadas.

Vamos, então, explorar o cotidiano por meio de uma pesquisa?

Dividam-se em grupos de quatro alunos. Cada grupo vai entrevistar outro grupo sobre os temas: comunidades virtuais e *ciberbullying*.

Em relação às comunidades virtuais, é interessante saber dos entrevistados se todos participam e quais são os tipos de redes sociais que mais atraem seu interesse. Quanto ao *ciberbullying*, pode-se perguntar se alguém já soube de pessoas que foram vítimas de ofensas, intimidações, comentários pejorativos etc. em redes sociais virtuais. Cada grupo pode adaptar as perguntas de acordo com seu interesse e fazer outras perguntas.

Ao final das entrevistas, apresentem os dados obtidos para toda a turma e realizem um debate relacionando o uso das redes sociais mais comuns e a prática do *ciberbullying*.

VISÕES DE MUNDO

A propagação da internet nas últimas décadas expandiu o ciberespaço e desenvolveu novas formas de interação e comunicação entre os jovens. Estão dadas as bases para a construção da cibercultura. Que caminhos essa nova realidade nos proporciona?

Cibercultura

"Pensar a cibercultura: esta é a proposta deste livro. Em geral me consideram um otimista. Estão certos. Meu otimismo, contudo, não promete que a internet resolverá, em um passe de mágica, todos os problemas culturais e sociais do planeta. Consiste apenas em reconhecer dois fatos. Em primeiro lugar, que o crescimento do ciberespaço resulta de um movimento internacional de jovens ávidos para experimentar, coletivamente, formas de comunicação diferentes daquelas que as mídias clássicas nos propõem. Em segundo lugar, que estamos vivendo a abertura de um novo espaço de comunicação, e cabe apenas a nós explorar as potencialidades mais positivas deste espaço nos planos econômico, político, cultural e humano. [...] Não quero dar de forma alguma a impressão de que é feito nas redes digitais seja *bom*. Isso seria tão absurdo como supor que todos os filmes são excelentes. Peço apenas que permaneçamos abertos, benevolentes, receptivos em relação à novidade. Que tentemos compreendê-la, pois a verdadeira questão não é ser contra ou a favor, mas reconhecer as mudanças qualitativas na ecologia dos signos, o ambiente inédito que resulta da extensão das novas redes de comunicação para a vida social e cultural. Apenas dessa forma seremos capazes de desenvolver estas novas tecnologias dentro de uma perspectiva humanista."

LÉVY, P. *Cibercultura*. São Paulo: 34, 2009. p. 11-12.

Atividades

OBTER INFORMAÇÕES

1. Qual é a visão do autor sobre a cibercultura?

INTERPRETAR

2. De acordo com o autor, tudo o que é feito nas redes digitais é benéfico? Justifique sua resposta.

3. De acordo com o autor, qual deve ser nossa postura diante da cibercultura?

REFLETIR

4. Reflita sobre os benefícios e os malefícios da expansão da cultura digital. Indique um exemplo positivo e um negativo da cibercultura.

DIREITO É DIREITO

A Cruz Vermelha

O Comitê Internacional da Cruz Vermelha (CICV) é uma organização independente fundada em 1863. Ele foi criado para levar assistência humanitária e proteção às pessoas afetadas por conflitos de violência armada, além de promover iniciativas e discussões para elaboração de leis e regras universais visando à proteção de vítimas de guerra. Como se trata de uma organização com mais de 12 mil funcionários espalhados por 80 países, é comum a divulgação de imagens das ambulâncias do CICV circulando em regiões de conflito.

Entre 2009 e 2012, a CICV participou do grupo de discussões sobre o Manual de Tallinn, documento elaborado para evitar que guerras cibernéticas causem vítimas civis. Em um primeiro momento, parece estranho que uma instituição que atua em conflitos armados "reais" possa contribuir no debate sobre guerras cibernéticas, mas isso se deve ao fato de que é plenamente possível que uma guerra virtual cause gigantescos impactos em uma população.

Uma guerra cibernética está ligada a ataques feitos por meio do ciberespaço contra computadores ou redes de determinado Estado, o que equivale a colocar exércitos de um país em território de outro. Esse tipo de tática de guerra não é nada inofensivo: pode cortar eletricidade e água de milhões de residências, impedir serviços de resgate, atrapalhar a comunicação de torres de controle com aviões civis ou abrir as comportas de uma barragem e matar milhões de pessoas. Por isso, essa recente iniciativa de estabelecer limites para guerras travadas no ciberespaço ganhou relevância internacional.

Caminhões da Cruz Vermelha sendo preparados para levar suprimentos de ajuda humanitária para Darfur (Sudão, 2004).

Reflexão

Você acha que o ciberespaço está presente em nossa vida a ponto de uma guerra cibernética interferir na satisfação das necessidades mais básicas da população brasileira?

INDICAÇÕES

Para ver

▶ **Confiar**
Direção: David Schwimmer. Estados Unidos, 2011.
Annie, de 14 anos, ganha um computador do pai e passa a frequentar *sites* de relacionamento. Em uma sala de bate-papo, entra em contato com um jovem e estreita a conversa por telefone. Apaixonada, Annie decide encontrá-lo sem que seus pais saibam. O problema é que, na verdade, o garoto é um homem muito mais velho, que a atrai para esse encontro, colocando em evidência o fato de que as redes sociais são espaços de socialização e ao mesmo tempo de risco, pois seus usuários estão vulneráveis aos crimes virtuais.

▶ **Ameaça virtual**
Direção: Peter Howitt. Estados Unidos, 2001.
O brilhante jovem Milo está prestes a abrir, com um amigo, uma empresa de alta tecnologia, quando recebe um convite para trabalhar em uma das maiores organizações de desenvolvimento de *software* do mundo, a N.U.R.V. Quando seu amigo é assassinado, Milo descobre pistas do envolvimento da empresa onde trabalha no crime. Usando seu conhecimento sobre o ciberespaço, Milo procura desvendar o assassinato do amigo, tornando-se alvo dos criminosos.

▶ **Medianeras: Buenos Aires da era do amor virtual**
Direção: Gustavo Taretto. Argentina/Espanha/Alemanha, 2011.
Martín e Mariana vivem solitariamente em Buenos Aires. Martín trabalha como *web designer* e, como é pouco sociável, passa grande parte de seu tempo em casa. Pela internet conhece Mariana, sua vizinha que vive solitária e desiludida com a vida na cidade grande. Eles têm muita dificuldade de se relacionar com o mundo "real", e isso os torna invisíveis um ao outro, mesmo tendo se cruzado várias vezes nas ruas. Os encontros e desencontros dos dois ilustram de forma divertida as possibilidades do individualismo em rede dos tempos atuais.

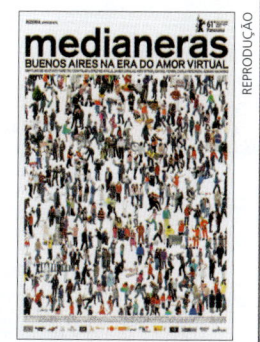

Vídeo
Medianeras, Buenos Aires da era do amor virtual

Para ler

▶ **Antes da meia-noite**
Menalton Braff. São Paulo: Ática, 2007.
Aline é uma jovem que passa horas a fio na internet. Mas esse hábito vem lhe causando problemas. Ela perdeu o ano na escola e não vem tendo um bom relacionamento pessoal com a mãe e o namorado. Enquanto é pressionada a modificar seu comportamento, ela conhece no espaço virtual alguém que desperta seu interesse por literatura e poesia. Mas quem é essa pessoa? O livro permite que se discutam questões como os hábitos pessoais na internet e os relacionamentos no ciberespaço.

Para navegar

▶ **Youpix – pessoas + pixels**
<youpix.com.br>
Site brasileiro que aprofunda as discussões sobre como as relações sociais na contemporaneidade são condicionadas pela cultura "*pop*" da internet e das redes sociais.

▶ **Campus Party Brasil**
<www.campus-party.com.br>
Esse é o *site* do maior evento sobre internet e tecnologia da informação e comunicação de todo o mundo. Além da programação e do conteúdo, é possível acessar vídeos de palestras, *workshops* e fóruns para debates.

Começando a unidade

As imagens a seguir representam alguns dos mais importantes impactos das TICs em nossa vida. Você consegue identificar quais são esses impactos? Você acredita que essas tecnologias têm influência em sua vida social?

UNIDADE 3
SOCIALIZAÇÃO NA ERA DIGITAL

Os impactos trazidos pelas TICs (tecnologias de informação e comunicação) ultrapassam os meios de comunicação social. Como já vimos, o surgimento e a ampliação dessas tecnologias confundem as fronteiras entre o pessoal e o profissional, reformulam as concepções sobre o controle social e, por fim, alteram a dinâmica do processo de socialização. Não é à toa que algumas das principais discussões políticas do século XXI estão frequentemente ligadas a temas como cibercrimes; relações diplomáticas e segredos de Estado na Era Digital; privacidade no ciberespaço; entre outros.

Objetivos da unidade

Ao final desta unidade, você poderá:
- Compreender os impactos das TICs no processo de socialização.
- Avaliar como as TICs influem no controle social e na experiência da privacidade.

CAPÍTULO 5

Controle social e redes de comunicação

Controle social, TICs e vigilância

As organizações sociais estabelecem mecanismos de controle que visam orientar o comportamento desejável e reduzir o indesejável. Quando se pensa que essa regulação é realizada também pela polícia, fica fácil perceber essa característica de **regulação das condutas**. Entretanto, boa parte dos mecanismos de controle social se manifesta de maneira sutil, quase imperceptível.

Quando usamos a rede mundial de computadores para enviar fotos, registrar nossa localização por meio de dispositivos GPS e saber onde estão nossos amigos, podemos estar sendo monitorados sem perceber. O desenvolvimento das TICs faz com que quase não existam espaços públicos e privados não vigiados.

Por isso, as TICs permitem entender o controle social para além de uma imagem óbvia, de um poder estatal central que colhe e concentra informações com o objetivo de disciplinar o indivíduo. Na verdade, o controle social é cada vez mais pensado como um fenômeno onipresente, que tem objetivos variados e que é extremamente desejado pelas pessoas. Isso porque quando postamos informações que expõem nossas emoções e nosso cotidiano, tornamos pública nossa intimidade, submetendo-a aos olhares dos outros.

Por isso, muitos cientistas sociais acreditam que estamos, cada vez mais, incorporando a prática da vigilância no processo de socialização. Quando nos habituamos a determinadas formas de controle social, elas nos parecem naturais. Ao naturalizar a vigilância como um mecanismo de controle social, corremos o risco de torná-la inquestionável, criando uma sociedade com características potencialmente autoritárias. Isso ocorre porque não existe ainda uma regulamentação clara e prática sobre quem tem acesso a toda essa informação e o que pode ser feito com seu uso.

Aparelhos modernos como os *smartphones* possibilitam uma ampla "publicização" de nossas vidas por meio do acesso à internet. O recente google glass é muito criticado em campanhas contra o excesso de vigilância presente em nossa sociedade porque o equipamento permite fotografar, filmar e postar o que se vê de maneira contínua, rápida e praticamente imperceptível (figuras 1 e 2).

Figuras 1 e 2. O google glass é um dispositivo controverso, em forma de óculos, que possibilita a interação dos usuários com diversos conteúdos da internet. Na foto, Sergey Brin (cofundador do Google) usa o aparelho em um prêmio de incentivo à pesquisa científica (Estados Unidos, 2013).

TICs e a jornada de trabalho

Em geral, tendemos a associar o desenvolvimento tecnológico ao aumento da liberdade. Pensando no desenvolvimento dos eletrodomésticos (lava-louças, micro-ondas, lava-roupas), vemos que nosso tempo de trabalho é poupado, o que aumenta o tempo livre. Contudo, quando falamos das TICs, essa sensação é frequentemente ilusória. Isso porque essas tecnologias geram novas necessidades, que promovem uma maior possibilidade de controle. Refletir sobre o caso das TICs é fundamental para entendermos essa questão. Veja a figura 3.

Figura 3. Amigos checando *e-mails* e atualizando suas contas em redes sociais no momento de um encontro. Pesquisas indicam que muitas pessoas, quando simplesmente esquecem o celular em casa, desenvolvem um quadro de pânico, com fortes sintomas físicos, como falta de ar, dor de cabeça e até taquicardia.

É cada vez mais comum o uso das TICs para facilitar a comunicação no ambiente de trabalho. Os endereços de *e-mail* corporativos, a criação de grupos em redes sociais para discussão e tomada de decisões e o fornecimento de celulares e *tablets* para funcionários são exemplos dessa tendência mundial. Entretanto, o aparente benefício está associado a interesses específicos dos empregadores. Eles lucram com o aumento não remunerado da jornada de trabalho. Atender ao celular da empresa após o horário de trabalho ou responder a *e-mails* profissionais nos finais de semana são atitudes cada vez mais comuns entre os funcionários. Porém, isso gera impasses no que diz respeito aos direitos trabalhistas conquistados ao longo da história.

De acordo com entrevistas realizadas com trabalhadores "conectados", essas tecnologias aumentaram suas horas de trabalho. Além disso, aumentaram também o estresse relacionado à profissão e tornaram mais difícil desconectar-se do trabalho nos finais de semana ou feriados. Conforme revelou uma pesquisa realizada no Brasil em 2011 por uma empresa de tecnologia, quase 80% dos entrevistados admitiram ser contatados por celular fora do expediente de trabalho e mais de 50% responderam a *e-mails* profissionais durante as férias (figura 4).

"Estou tão sobrecarregado de *e-mails* que um monitor só não é suficiente para dar conta de todos."

Figura 4. A expressão "trabalhadores conectados" foi criada para definir aqueles profissionais que usam ferramentas como *notebooks*, *tablets* e *smartphones*.

Governos, cidadãos e o controle das informações políticas

Informações que circulam com o auxílio das TICs permitem que a opinião pública sobre alguns políticos, partidos ou sobre todo um governo seja bastante influenciada. A disseminação de conhecimento pode atender a diferentes interesses: do Estado, do mercado ou de diferentes grupos sociais. Assim, muitos países buscam políticas públicas para controlar esses dados. Como não há critérios universais para administrar o fluxo de informações, essas políticas correm o risco de entrar em conflito com os direitos básicos dos cidadãos, como a liberdade de expressão. A solução para esse problema deve priorizar a sociedade como um todo: como fazê-lo ainda está em discussão em várias regiões do mundo (figura 5).

Uma das polêmicas desse impasse é a parceria firmada entre empresas de conteúdo da internet (Google, Microsoft e Yahoo) e o Partido Comunista Chinês. A aliança permitiu que os resultados de buscas realizadas por internautas chineses fossem filtrados com base no interesse dos grupos que estão no poder naquele país. Assim, se uma pessoa acessa as plataformas por meio de determinadas expressões ("liberdade de opinião", "liberdade religiosa", "Partido Comunista Chinês" etc.), alguns resultados são omitidos. Determinados resultados da busca não aparecem, diferentemente do que ocorreria em uma busca idêntica realizada em território brasileiro, por exemplo. Veja a figura 6.

Figura 5. As informações podem ter uma utilidade pública ou beneficiar pequenos grupos, como setores da mídia corporativa e seus patrocinadores. Como solucionar isso ainda é um debate que as sociedades devem enfrentar.

Figura 6. *Site* criado por um grupo de *web designers*, diretores de cinema e jornalistas permite que se insira uma busca qualquer para conferir se esta é ou não bloqueada na China, país cujas lideranças políticas impedem acesso a páginas consideradas indesejáveis do ponto de vista político.

O ano de 2013 foi um divisor de águas no debate sobre controle social e as TICs. Nesse ano, houve um vazamento de informações sobre as estratégias de espionagem da Agência de Segurança Nacional dos Estados Unidos (NSA, na sigla em inglês). Por meio do complexo *software* Prism, estima-se que o governo desse país tenha interceptado bilhões de ligações, mensagens, *e-mails*, conversas em *chats* e chamadas de voz via internet em todo o planeta.

A princípio, as autoridades estadunidenses defenderam a prática como uma ferramenta de defesa do Estado contra o terrorismo. Mais tarde, a confirmação de que empresas (como a Petrobras), cidadãos e lideranças políticas estrangeiras tiveram seus sigilos violados fez com que o governo daquele país admitisse uma revisão de suas práticas de espionagem (figura 7).

Figura 7. Com o vazamento das estratégias de espionagem dos Estados Unidos, promovido pelo ex-funcionário da NSA Edward Snowden, o país se viu acusado de ter criado um sistema de vigilância estatal que, com a desculpa do combate ao terrorismo, acabou por desrespeitar direitos civis de cidadãos e ferir acordos e leis internacionais para atender a interesses estratégicos e comerciais dos Estados Unidos.

QUEM NOS OLHA NAS REDES SOCIAIS?

A maioria dos jovens passa seu tempo on-line se divertindo, buscando conhecimento e contato com amigos. Enquanto essas atividades são executadas, muitas situações desafiam os direitos à privacidade e à liberdade de expressão nos meios digitais.

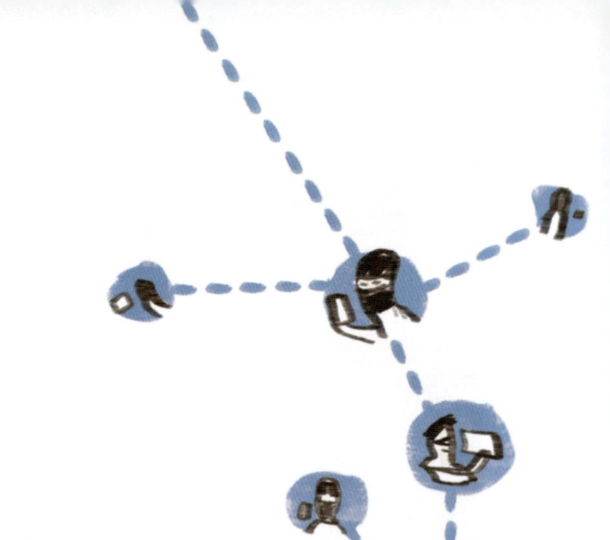

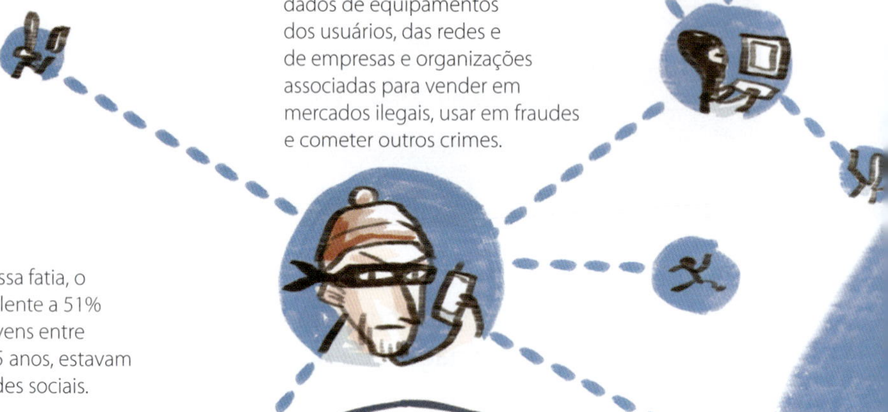

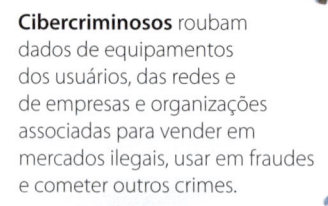

Brasil: jovens de 10 a 15 anos de idade: último acesso à internet – 2012

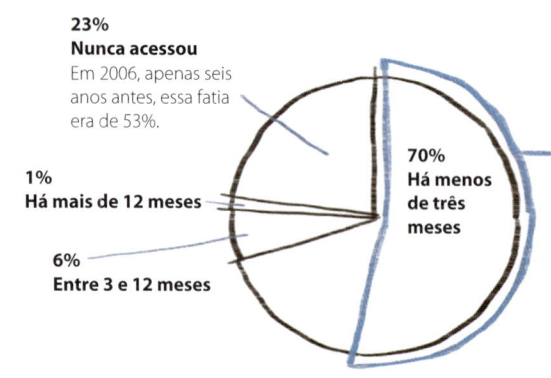

23% Nunca acessou
Em 2006, apenas seis anos antes, essa fatia era de 53%.

1% Há mais de 12 meses

6% Entre 3 e 12 meses

70% Há menos de três meses
3/4 dessa fatia, o equivalente a 51% dos jovens entre 10 e 15 anos, estavam nas redes sociais.

Fonte: Cetic. Disponível em: <www.cetic.br/usuarios/tic/2012/index.htm>. Acesso em: 14 jun. 2014.

Cibercriminosos roubam dados de equipamentos dos usuários, das redes e de empresas e organizações associadas para vender em mercados ilegais, usar em fraudes e cometer outros crimes.

senha bloqueios cartão de crédito endereço IP e-mail pessoal localização telefone documento de identidade data de nascimento endereço residencial compras visualizações pesquisas históricos identificação do dispositivo sistema operacional

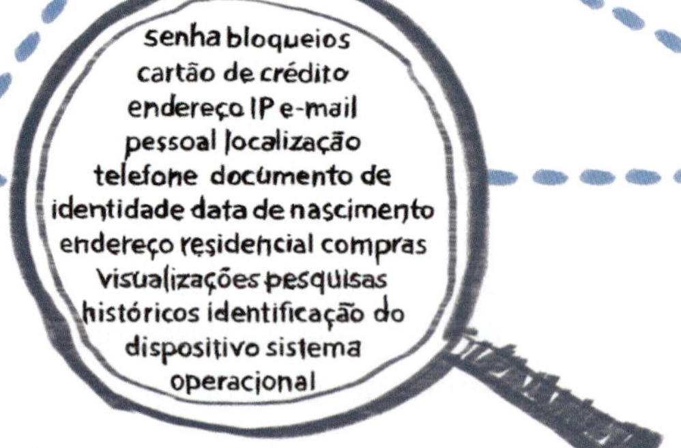

É importante informar-se sobre como uma rede social lida com informações confidenciais antes de se cadastrar.

Geralmente só quem autoriza o uso de suas informações pessoais consegue se cadastrar em uma rede social.

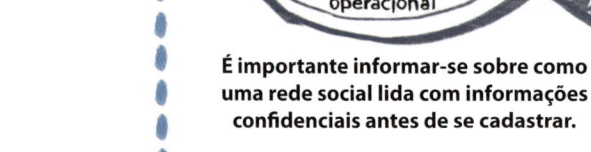

Toda atividade *on-line* pode ser registrada, permitindo a circulação de informações pessoais dos usuários.

Muitos dados podem ser coletados por meio do aparelho GPS, câmera, microfone e outros dispositivos do usuário sem que ele perceba.

Abusos de autoridades são facilitados quando os direitos dos cidadãos não são claros, mesmo em democracias. No Canadá, a lei obriga as empresas a garantir a privacidade dos clientes, que só pode ser quebrada em investigações com ordem da Justiça. Mas isso não se aplica a empresas de telecomunicações e internet, que atenderam 1,2 milhão de requisições de autoridades para acessar dados pessoais de usuários apenas no ano de 2011.

Vídeo

FreeNet?

Empresas comercializam informações e análises sobre os dados pessoais e, com base nelas, criam novos produtos e serviços para vender entre si e para seus usuários.

As donas das redes sociais identificam gostos e interesses do usuário para oferecer produtos e serviços específicos para seu perfil.

AS DONAS DAS REDES SOCIAS

As maiores redes são de empresas que vendem informações, espaços publicitários e outros serviços graças à sua capacidade de reunir multidões *on-line*:

As cinco maiores redes sociais – 2013 (em milhões de usuários ativos mensais)

Facebook (Facebook Inc., EUA) — 1.155

Youtube (Google Inc., EUA) — 1.000

Qzone (Tencent Holdings Ltd., China) — 712

Sina Weibo (SINACorp., China) — 500

WhatsApp (Facebook Inc., EUA) — 350

Fonte: Business Insider. Disponível em: <www.businessinsider.com/a-global-social-media-census-2013-10>. Acesso em: 14 jun. 2014.

"Amigos" mal-intencionados que cometem *bullying*, espionam, roubam fotos, criam perfis falsos e outros aborrecimentos contra pessoas conhecidas são comuns nas redes sociais.

nome de usuário
listas de contatos
postagens atualizações
fotos músicas vídeos
mensagens comentários
bate-papos curtidas
convites marcações grupos
amizades anúncios links
publicitários quizzes
jogos

Algumas informações podem ser ocultas, abertas para todos ou exclusivas para alguns, dependendo das configurações de cada rede social.

As informações transmitidas passam pelos computadores, que coletam, analisam e guardam o que interessar às donas das redes.

Onde falta democracia sobram recursos para vigiar e controlar os usuários da internet, como censura a conteúdos "subversivos", bloqueio de redes sociais, coleta e análise de dados para identificar dissidentes e seus contatos, além de ameaças virtuais e físicas.

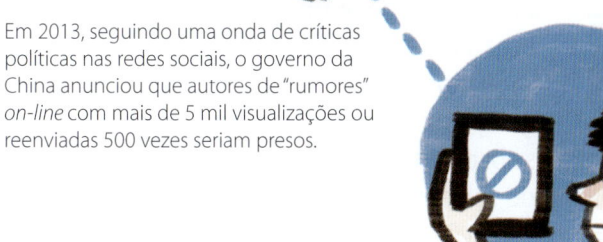

Em 2013, seguindo uma onda de críticas políticas nas redes sociais, o governo da China anunciou que autores de "rumores" *on-line* com mais de 5 mil visualizações ou reenviadas 500 vezes seriam presos.

CAPÍTULO 6

O público e o privado na era da internet

Socialização e as TICs

Um dos processos mais fundamentais da vida em sociedade é a socialização. É por meio desse processo que incorporamos valores e hábitos típicos do nosso meio social e reproduzimos, quase sem nenhum questionamento, padrões de comportamento.

Desde o momento do nosso nascimento, grupos e instituições sociais exercem pressões subjetivas para que adotemos os padrões sociais aceitos em nosso grupo. Esse processo acontece a partir das interações sociais estabelecidas no dia a dia. Além dos grupos e instituições sociais, há outro elemento fundamental que influencia diretamente o processo de socialização contemporâneo: as tecnologias.

Imagine o processo de socialização de uma criança que nasceu antes do surgimento da televisão e do rádio, tecnologias que hoje são consideradas comuns e corriqueiras. Seria possível dizer que ela viveu esse processo da mesma maneira de um jovem que nasceu, por exemplo, em 1990? Nesse momento, a televisão em cores e aparelhos de rádio já eram amplamente disponíveis. Então a resposta é não.

Tecnologias tão influentes são capazes de reforçar padrões de beleza, de criar desejos de consumo, de permitir que as pessoas reflitam sobre determinados assuntos para além das versões fornecidas pela família ou pelos professores, além de disseminar ideologias que incitam ações e comportamentos (figura 8).

Nossas amizades também revelam um de nossos espaços de socialização, que mudam ao longo do tempo. Hoje, é comum que um jovem de 14 anos acesse cotidianamente três redes sociais virtuais em média. Em cada uma, pode estar em contato com cerca de 350 amigos e ter acesso a mais de 500 fotos. Suponhamos que ele possua um aparelho de celular capaz de fotografar e publicar instantaneamente suas próprias fotos, como grande parte dos jovens brasileiros. Esse exemplo nos dá uma dimensão de como as TICs impactam a vivência dos processos de socialização.

Deixamos uma grande quantidade de informações pessoais acessíveis para um número cada vez maior de pessoas e empresas. Há uma possibilidade consideravelmente maior de interagirmos com pessoas de outras culturas, apesar da distância geográfica. Além disso, temos capacidade de adquirir informações sobre temas de nosso interesse pessoal sem que os agentes de socialização clássicos (família, amigos, professores, colegas de convivência religiosa) sequer partilhem delas.

Figura 8. A televisão se tornou uma das tecnologias mais influentes no processo de socialização.

"Não vamos hibernar este ano. Temos muitas transformações culturais para acompanhar."

O ESTRANHO FAMILIAR
Quando sua festa cai na rede

Você já planejou convidar mais de 15 mil pessoas para sua festa de aniversário? Provavelmente não. Mas foi o que fez, inadvertidamente, a jovem Thessa, de Hamburgo, na Alemanha. Ao criar o convite para seu aniversário de 16 anos em uma rede social, ela não atentou para as configurações de privacidade, e por engano criou um evento público na rede. Apesar de sua família ter avisado sobre o erro e ter cancelado a festa, 1.600 jovens resolveram comparecer e festejar o aniversário. A família, receosa, contratou serviço de segurança privado e alertou a polícia local.

O caso é um bom exemplo de como, na Era Digital, um clique descuidado pode ter consequências que fogem do nosso controle. Na maioria das vezes, especialmente nas redes sociais, tornamos públicas informações sobre quem somos, onde estudamos ou trabalhamos, nossos parentes, onde moramos, lugares que frequentamos etc. Isso ocorre com o nosso consentimento, mesmo sem saber como e por quem essas informações podem ser usadas.

Atividade

Discutam, em grupo, sobre que outras consequências inesperadas podem ser geradas pelo compartilhamento de informações pessoais ou pela publicação de opiniões nas redes sociais.

1. Tendo em vista os resultados da discussão proposta e do que leu nesta unidade, você acredita que já publicou uma frase, uma foto ou um vídeo que poderiam lhe causar problemas ou lhe prejudicar?
2. O acesso diário a diferentes redes sociais já faz parte da realidade de milhares de pessoas. Que cuidados você acredita serem necessários para não transformar questões particulares em um problema de proporções inesperadas?

Thessa não atentou às configurações de privacidade de uma rede social e teve que lidar com mais de 1.600 pessoas que apareceram para sua festa de aniversário (Alemanha, 2011).

Publicidade no ciberespaço: o uso de nossas informações pessoais

Com a disseminação das TICs, surgiram novas estratégias de publicidade. Elas se utilizam do alcance das redes e da possibilidade de, por meio delas, obter informações privilegiadas sobre o consumidor. Esses métodos se tornaram motivo de polêmica, já que esbarram no direito à privacidade.

É fato que o ciberespaço cresce ano a ano como alvo de estratégias de publicidade de todos os tipos de empresa. Em 2010, a internet superou as revistas no faturamento com publicidade, perdendo apenas para jornais e televisão, em todo o mundo. No primeiro semestre de 2012, o Google obteve US$ 10,9 bilhões em renda publicitária, ao passo que todo o setor estadunidense de mídia impressa conseguiu US$ 10,5 bilhões.

O estrondoso crescimento se deve ao fato de que a publicidade por meio das TICs permite a propaganda direcionada. Os perfis de navegação deixam rastros que indicam os principais desejos de consumo e estilo de vida do internauta. Até mesmo aplicativos para *smartphones* e *tablets* permitem o recolhimento de informações pessoais que podem ser comercializadas junto a empresas interessadas. Você já reparou que, depois de fazer buscas sobre um produto ou assunto, surgem várias propagandas de mercadorias e *sites* relacionados ao que você buscou (figura 9)?

Muitas empresas admitem, inclusive, usar redes sociais como uma forma de mapear e entender o comportamento de seu público-alvo. Assim, quando o usuário solicita amizade ou "curte" a página de uma empresa em redes sociais, ela posta imagens e textos com os quais essa pessoa interage. Direcionando especialistas para monitorar esse tipo de reação dos clientes, é possível criar estratégias publicitárias mais seguras com o objetivo de aumentar as vendas ou de conquistar novos consumidores.

Figura 9. Mesmo navegando em *sites* confiáveis, deixamos rastros de nossas preferências musicais, esportivas ou literárias. Com essas informações, as empresas podem desenvolver estratégias publicitárias individualizadas.

Publicização da vida privada

As noções de público e privado são importantes para entendermos a forma pela qual construímos nossas interações sociais no ciberespaço durante as últimas décadas. O que chamamos de "público" se refere a temas que dizem respeito à coletividade, já que atingem direta ou indiretamente a vida de todos os cidadãos. São exemplos de temas públicos: saúde, segurança, sistema educacional, corrupção. Temas "privados" são os que dizem respeito a nossa intimidade, como nossas relações amorosas, nossos medos, nossas preferências musicais etc. Especialistas acreditam que as TICs permitiram o surgimento de um processo de publicização da vida privada (figura 10).

Esse excesso de exposição de nossa vida privada no ciberespaço tornou a tarefa de lidarmos com a intimidade muito difícil. Afinal, uma vez publicada na internet, qualquer informação torna-se pública e incontrolável, na medida em que não podemos mais determinar quem vai compartilhá-la.

Como qualquer um pode ser o "*paparazzo* de si mesmo", faz parte do atual processo de socialização aprender a construir essas fronteiras no ciberespaço. Diante dessa preocupação, surgem debates, reportagens e até plataformas discutindo e informando sobre o acesso seguro à internet. Cada vez mais, instituições escolares e famílias se debruçam sobre a temática.

> **GLOSSÁRIO**
>
> *Paparazzo*: palavra da língua italiana utilizada para designar os repórteres que fotografam celebridades sem a sua autorização, expondo para o público seu cotidiano.

> **Jogo**
> Era Digital

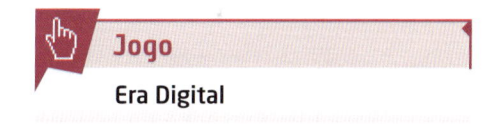

Figura 10. A famosa revista estadunidense *Time Magazine* tem como tradição publicar na capa da primeira edição do ano a personalidade do momento. Diante do crescimento de usuários das redes sociais e da publicação de vídeos pessoais, a revista destacou que o indivíduo conectado à internet era o destaque do ano de 2006. A escolha refletiu a força do processo de publicização da vida privada (Estados Unidos, 2006).

ATIVIDADES

REVISÃO E COMPREENSÃO

1. Considerando os debates sobre socialização, controle social e o surgimento das TICs, marque a única alternativa correta:

   a) O surgimento das TICs teve pouco impacto no debate sobre controle social, visto que se trata de uma atividade baseada em relações sociais reais.

   b) O surgimento das TICs não alterou o processo de socialização, visto que ele só varia conforme a cultura na qual nos inserimos.

   c) O surgimento das TICs influenciou o processo de socialização, já que alterou nossas concepções de privacidade e de intimidade.

   d) O surgimento das TICs permitiu que o controle social sobre nossas vidas se tornasse menos presente, pois nos fornece maior liberdade de comunicação.

2. Leia o trecho a seguir para responder às questões que seguem:

   "Como posso garantir a privacidade das informações que publico nas redes sociais e na internet como um todo? Essa é uma pergunta que não se ouve tanto quanto se gostaria, mas que tem importância muito grande".

   > MANO, A. L. M. Segurança e privacidade nas redes sociais. *Vya Estelar*, São Paulo. Disponível em: <www2.uol.com.br/vyaestelar/seguranca_privacidade_nas_redes_sociais.htm>. Acesso em: 17 fev. 2014.

   a) De que modo é possível relacionar o questionamento presente no trecho do artigo com o debate sobre controle social na internet?

   b) Defina o que é público e privado dentro do contexto das relações sociais.

3. Relacione as colunas abaixo:

   (1) Público
   (2) Privado

   ( ) Governo
   ( ) Sentimentos
   ( ) Família
   ( ) Voto
   ( ) Mídia

INTERPRETAÇÃO E PRÁTICA

4. Procure ler a letra e escutar atentamente à canção *Pela internet*, composta por Gilberto Gil, cuja letra está disponível no *link* <www.gilbertogil.com.br/sec_musica.php?>. Essa música faz alusão ao antigo samba *Pelo telefone* composto por Donga e Mauro de Almeida. A leitura e interpretação dos trechos de ambas as músicas faz refletir sobre os avanços tecnológicos dos meios de comunicação. Com base nessa contextualização, apresente exemplos concretos de transformações nos processos de socialização com o avanço tecnológico.

   ### Pelo telefone

   "O chefe da polícia
   Pelo telefone manda me avisar
   Que com alegria
   Não se questione para se brincar
   [...]"

   > Donga e Mauro de Almeida. *Pelo telefone*. Odeon Records, 1917.

5. De que forma o surgimento das TICs contribuiu para tornar as fronteiras entre o público e o privado na sociedade contemporânea mais abstratas? Inspire-se na imagem abaixo para desenvolver um argumento baseado nos conceitos da unidade.

EXPLORANDO O COTIDIANO

6. Após a leitura da reportagem que segue, discorra sobre o processo de socialização entre o público e privado na era da rede mundial de computadores. Utilize outros exemplos de casos conhecidos para ilustrar seu argumento.

   "Advogado diz que atriz foi chantageada.

   O vazamento na internet de imagens em que Carolina Dieckmann, 33, aparece nua e em situações de intimidade ocorreu após a atriz tentar preparar um flagrante contra uma pessoa que a chantageava, pedindo R$ 10 mil reais para não divulgar as fotos [...]. Segundo o advogado, até o vazamento, ela tinha preferido não registrar a tentativa de extorsão por temer que o assunto se tornasse público. Responsável pelas investigações, o delegado Gilson Perdigão disse que foi aberto registro de ocorrência de extorsão qualificada pelo concurso de agentes (quando há mais de um envolvido no crime), difamação e furto".

   Folha de S.Paulo. *As fotos de Carolina Dieckmann nua*: para entender os crimes do caso. 8 maio 2012. Disponível em: <http://direito.folha.uol.com.br/1/post/2012/05/as-fotos-de-carolina-dieckmann-nua-para-entender-os-crimes-do-caso.html>. Acesso em: 20 fev. 2014.

7. Nesta unidade, vimos os impactos das Tecnologias de Informação e Comunicação (TICs) no processo de socialização. Também pudemos identificar como as TICs interferem no controle social e na ideia de privacidade. A partir do que estudamos, vamos explorar o cotidiano? Entreviste seus pais, parentes e amigos sobre a utilização das redes sociais, fazendo as seguintes perguntas e anotando as respostas em seu caderno:

   1 – Você utiliza as redes sociais? Quais?

   2 – Com que frequência você acessa as redes sociais?

   3 – Que tipo de informação você posta nas redes sociais?

   Apresente para a turma os resultados de sua pesquisa, depois produza um texto de reflexão sobre a exposição.

8. Organizem-se em trios e realizem entrevistas com parentes ou pessoas próximas de vocês. Considerando o tema dos trabalhadores "conectados", exposto na unidade, façam as perguntas abaixo aos adultos que trabalham ou que já trabalharam.

   1 – O *e-mail*, o celular e os aparelhos de acesso móvel à internet (*smartphones*, *tablets*, *notebooks*) são instrumentos empregados em seu cotidiano de trabalho? [Caso a resposta seja não, buscar novo entrevistado.]

   2 – Você já se viu trabalhando além da sua jornada de trabalho usando essas tecnologias (envio de *e-mails*, conversas pelo celular, trocas de SMSs etc.)? Isso é muito frequente em seu dia a dia de trabalho?

   3 – Você acredita que essas tecnologias fazem com que você descanse menos nos fins de semana, feriados ou em seus momentos de lazer nos dias de semana? Por quê?

   4 – Como você procura lidar com essas tecnologias em seu dia a dia? Há alguma estratégia para que suas atividades de trabalho não incomodem seus momentos de lazer e descanso?

   Novas perguntas podem ser criadas, conforme interesse do grupo.

   Após o recolhimento e a análise das respostas, façam uma breve apresentação dos resultados para a turma considerando os conceitos estudados ao longo da unidade 3.

VISÕES DE MUNDO

O debate sobre a utilização da tecnologia como forma de ampliar o controle social é antigo e suscita muitos debates. Em seu livro *1984*, George Orwell traça um panorama sombrio sobre a relação entre tecnologia e liberdade.

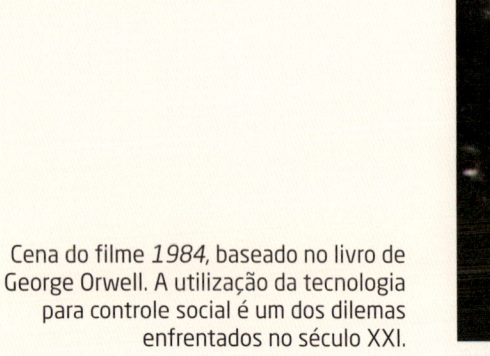

Cena do filme *1984*, baseado no livro de George Orwell. A utilização da tecnologia para controle social é um dos dilemas enfrentados no século XXI.

1984

"Era um dia frio e ensolarado de abril, e os relógios batiam treze horas. Winston Smith, o queixo fincado no peito numa tentativa de fugir ao vento impiedoso, esgueirou-se rápido pelas portas de vidro da Mansão Vitória; não, porém, com rapidez suficiente para evitar que o acompanhasse uma onda de pó áspero. O saguão cheirava a repolho cozido e a capacho de trapos. Na parede do fundo fora pregado um cartaz colorido, grande demais para exibição interna. Representava apenas uma cara enorme, de mais de um metro de largura: o rosto de um homem de uns quarenta e cinco anos, com espesso bigode preto e traços rústicos, mas atraentes. Winston encaminhou-se para a escada. [...] Em cada patamar, diante da porta do elevador, o cartaz da cara enorme o fitava da parede. Era uma dessas figuras cujos olhos seguem a gente por toda parte. O GRANDE IRMÃO ZELA POR TI, dizia a legenda.

Dentro do apartamento uma voz sonora lia uma lista de cifras relacionadas com a produção de ferro-gusa. A voz saía de uma placa metálica retangular semelhante a um espelho fosco, embutido na parede direita.

Winston torceu um comutador e a voz diminuiu um pouco, embora as palavras ainda fossem audíveis. O aparelho (chamava-se teletela) podia ter o volume reduzido, mas era impossível desligá-lo de vez. [...]

Por trás de Winston a voz da teletela ainda tagarelava a respeito do ferro-gusa e da superação do Nono Plano Trienal. A teletela recebia e transmitia simultaneamente. Qualquer barulho que Winston fizesse, mais alto que um cochicho, seria captado pelo aparelho; além do mais, enquanto permanecesse no campo de visão da placa metálica, poderia ser visto também. Naturalmente, não havia jeito de determinar se, num dado momento, o cidadão estava sendo vigiado ou não. Impossível saber com que frequência, ou que periodicidade, a Polícia do Pensamento ligava para a casa deste ou daquele indivíduo. Era concebível, mesmo, que observasse todo mundo ao mesmo tempo. A realidade é que podia ligar determinada linha, no momento que desejasse. Tinha-se que viver — e vivia-se por hábito transformado em instinto na suposição de que cada som era ouvido e cada movimento examinado, salvo quando feito no escuro".

ORWELL. G. *1984*. São Paulo: Companhia Editora Nacional, 2004. p. 5-7.

Atividades

OBTER INFORMAÇÕES

1. Qual o nome do personagem principal do texto?
2. Onde se passa a cena narrada?

INTERPRETAR

3. Que elementos do texto permitem afirmar que o mundo do personagem é controlado?
4. Em nosso mundo, as tecnologias têm o mesmo papel que no texto? Por quê?

REFLETIR

5. Com seus colegas, reflita sobre a possibilidade de utilização da tecnologia para controlar as pessoas.

DIREITO É DIREITO

Marco Civil da Internet

No final de 2009, a Secretaria de Assuntos Legislativos do Ministério da Justiça, em parceria com o Centro de Tecnologia e Sociedade da Escola de Direito da Fundação Getúlio Vargas no Rio de Janeiro, lançou as bases de um amplo debate que gerou um texto elaborado colaborativamente com a sociedade civil, para regular o uso da internet no Brasil. A regulação se daria por meio da previsão de princípios, de garantias, de direitos e de deveres de quem usa a rede, e da determinação de diretrizes para a atuação do Estado. O Marco Civil da Internet foi publicado em abril de 2014 e, a partir de junho do mesmo ano, tornou-se a regulação oficial da internet no Brasil.

De acordo com a perspectiva que orientou a construção dessa ideia, a internet é uma rede cibernética de comunicação e controle que precisa continuar operando no sentido de incentivar práticas cidadãs nas redes digitais, com quatro princípios:

a) liberdade de criação de novos conteúdos;
b) neutralidade da rede;
c) navegação sem centros de passagem obrigatórios;
d) retenção de dados.

Em 2007, houve a quebra do princípio da neutralidade da rede. Com a justificativa de proporcionar maior qualidade no sinal, operadoras de telecomunicações reivindicaram autorização para identificar os pacotes e estabelecer um privilégio de tráfego aos considerados mais importantes, em detrimento daqueles com menor grau de relevância. Para preservar a internet livre, a sociedade organizada deverá lutar pela preservação da neutralidade e da privacidade da rede.

Com o Marco Civil, o provedor responsável somente será obrigado a disponibilizar os registros pessoais do internauta quando estes contribuírem para a identificação do usuário ou do terminal em uma investigação criminal.

Entretanto, de acordo com o professor Pedro Rezende, da Universidade de Brasília, o projeto tem encontrado muitas dificuldades de garantir esses aspectos por conta dos interesses do governo e das empresas em controlarem as informações que circulam pela internet. Segundo ele, se isso prevalecer, a internet tal como a conhecemos hoje deixará de existir.

GLOSSÁRIO

Neutralidade de rede: princípio que sugere que o indivíduo tem o direito de acessar a informação que quiser. Diz respeito à liberdade das pessoas de se comunicarem.

Privacidade da rede: é o que impede que os registros de conexão e de acesso sejam utilizados para descobrir quais ações foram praticadas e até quem as praticou, o que gera insegurança na rede. Sua inexistência permite o cruzamento dos registros de conexão e de acesso e proporciona às empresas a possibilidade de criação de barreiras, além de venda personalizada de produtos, por exemplo.

Reflexão

Você considera que o Marco Civil na internet é uma regulação necessária? Faça considerações a esse respeito e as discuta com a turma.

INDICAÇÕES

Para ver

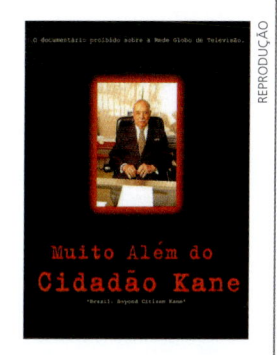

▶ **Muito além do cidadão Kane**

Direção: Simon Hartog. Inglaterra, 1993.

O documentário acompanha a trajetória da televisão brasileira desde sua criação e exibe o apoio de emissoras à ditadura militar iniciada em 1964. Ele denuncia o monopólio da informação e do seu uso político, exercido no Brasil pela mídia corporativa em geral. Esse monopólio da informação é retratado como um mecanismo complexo que não se limita à esfera da produção e que se exerce principalmente sobre a circulação e sobre a massificação das obras. Isso repercute diretamente no processo de perpetuação ideológica.

▶ **O show de Truman: o show da vida**

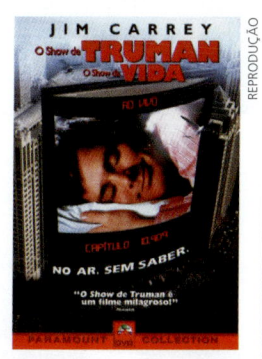

Direção: Peter Weir. Estados Unidos, 1998.

Antes mesmo de nascer, Truman teve seu destino planejado por um empresário: ter sua vida transmitida por câmeras ao vivo e 24h por dia. Todos à sua volta, seus amigos, vizinhos e mesmo sua esposa, são atores e atrizes pagos para simular uma realidade artificial. Uma vida em que a fronteira entre público e privado não existe.

Para ler

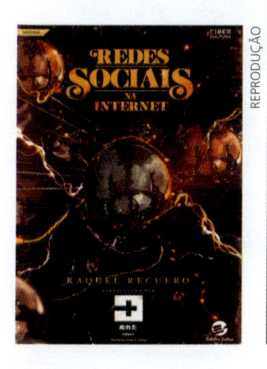

▶ **Redes sociais na internet**

Raquel Recuero. Porto Alegre: Sulina, 2009.

O livro traz as reflexões sobre as interações que acontecem nas redes sociais. A autora faz uma análise dos processos sociais de competição, cooperação e conflito que se estabelecem nas redes e também faz uma abordagem sobre as comunidades virtuais e suas classificações.

▶ **A internet**

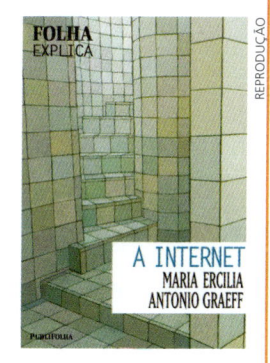

Maria Ercília e Antonio Graeff. São Paulo: PubliFolha, 2008.

O livro traça a história da internet, começando por *blogs*, músicas e filmes, o surgimento do IPod, passando pelo comércio eletrônico até chegar às redes sociais. Trata-se de um livro didático que busca chamar a atenção para o desenvolvimento da rede mundial de computadores até os dias atuais.

Para navegar

▶ **SaferDicas**

<www.safernet.org.br/site/prevencao/cartilha/safer-dicas/internet>

O *site* é uma referência no enfrentamento de crimes e violações dos direitos humanos na internet. Apresenta orientações para tornar o ambiente virtual mais ético e responsável, de forma que crianças, jovens e adultos possam fazer uso da internet com mais segurança. A plataforma possui inúmeros dados, campanhas, vídeos e orientações para o uso seguro da internet.

▶ **Cartilha de segurança para internet**

<http://cartilha.cert.br/>

O portal oferece acesso a uma cartilha didática e ilustrada para indicar maneiras seguras de navegar no ciberespaço. Além de alertas e instruções para evitar golpes e ataques na internet, temas como privacidade, *spams* e segurança no acesso à rede via *smartphones* também são debatidos. O material considera ainda a realidade de jovens que possuem o hábito de acessar redes sociais. O material pode ser baixado em diferentes formatos.

UNIDADE 4
EXCLUSÃO DIGITAL

O mundo virtual traz um importante desenvolvimento para toda a sociedade. No entanto, podemos perceber que a exclusão social no mundo real se reflete no meio digital e isso a aprofunda ainda mais. Nesta unidade veremos os impactos da tecnologia na ampliação das desigualdades e sua relação com o consumo.

Começando a unidade

Existe alguma relação entre educação, região de moradia e a ideia de exclusão social? Quando você pensa em exclusão social, o que vem à sua mente? E quando pensa em exclusão digital?

Objetivos da unidade

Ao final desta unidade, você poderá:
- Relacionar as desigualdades sociais e o acesso à rede mundial de computadores.
- Compreender o consumo no meio digital como mais uma modalidade do capitalismo.

CAPÍTULO 7

Exclusão e desigualdade na Era Digital

A exclusão digital

O surgimento das novas tecnologias da informação fez com que uma nova dimensão da vida social se constituísse: o mundo digital. O acesso à informação e aos serviços públicos, a produção e o compartilhamento de conhecimentos por meio da internet ampliaram a noção de cidadania. Estar excluído do processo de virtualização da sociedade significa estar à margem da sociedade da informação, seja em termos econômicos, políticos ou culturais (figura 1).

Para muitos jovens, a simples possibilidade de ficar sem computador ou conexão à internet pode gerar um grande desconforto. Apesar da crescente disseminação do acesso à rede mundial de computadores, ainda há milhões de jovens de diferentes países que são privados do acesso aos principais meios digitais de comunicação.

Assim, alguns sociólogos têm dedicado seus estudos aos impactos das novas tecnologias da informação e comunicação (TICs) na sociedade. Ao fazer isso, também analisam como a ausência dessas tecnologias impacta os grupos sociais excluídos de todo esse processo. A influência das TICs sobre os processos políticos, econômicos e sociais é amplamente reconhecida no meio acadêmico. Assim, os especialistas tentam compreender os efeitos da exclusão e as formas de combatê-la.

Figura 1. A pobreza não é um fenômeno isolado. A maneira como ela é definida e percebida depende do nível de desenvolvimento cultural, tecnológico e político de cada sociedade.

As ações realizadas nesse sentido ficaram conhecidas como políticas de **inclusão digital**. O acesso à internet em *lan houses*, escolas e pelo celular são formas de conexão que aos poucos vão inserindo essa população no mundo digital (tabela 1).

TABELA 1. BRASIL: ACESSO À INTERNET POR DOMICÍLIOS – OUT./2012-FEV./2013		Com acesso (%)	Sem acesso (%)
Área	Urbana	44	55
	Rural	10	90
Região	Sudeste	48	52
	Nordeste	27	73
	Sul	47	53
	Norte	21	79
	Centro-Oeste	39	61
Renda familiar	Até 1 SM*	7	93
	Mais de 1 SM até 2 SM	22	78
	Mais de 2 SM até 3 SM	49	51
	Mais de 3 SM até 5 SM	67	32
	Mais de 5 SM até 10 SM	83	17
	Mais de 10 SM	91	9
TOTAL		40	60

* Salários mínimos.

Fonte: SILVA, Edineide Santana Cardoso da. Temas transversais e dissertação: uma experiência a partir das tecnologias da informação e comunicação (TIC). In: *Anais do VI Fórum Identidades e Alteridades e II Congresso Nacional Educação e Diversidade*, 2013. Sergipe. p. 6. Disponível em: <200.17.141.110/forumidentidades/VIforum/textos/Texto_VI_Forum_21.pdf>. Acesso em: 11 mar. 2014.

Exclusão digital diz respeito às consequências sociais, econômicas e culturais da distribuição desigual do acesso aos computadores e à internet. Esse processo também é conhecido por outros termos: infoexclusão ou *apartheid* digital. A restrição de acesso às TICs acentua as desigualdades sociais. Isso porque, em um mundo dominado por essas tecnologias, o fato de um indivíduo não ter acesso a elas se traduz em limites às oportunidades de educação, trabalho, lazer e entretenimento. Atualmente, por exemplo, é crescente a exigência de conhecimentos básicos de computação e internet para obtenção de um emprego.

O ingresso no mundo digital nas sociedades atuais pode melhorar as condições de vida de grande parte da população. Como exemplo, podemos citar a educação à distância. O uso de ferramentas como o *smartphone*, que pode ser usado para facilitar a aprendizagem, é outro exemplo (figura 2).

Em 2013, mais da metade dos domicílios urbanos e quase todos os domicílios rurais do Brasil não tinham acesso à internet. O motivo mais citado para a falta de internet era o custo elevado.

Figura 2. De acordo com o *Censo da Educação Superior de 2012*, a educação a distância (EAD) cresceu mais do que a educação presencial em um ano. A pesquisa mostra que houve aumento de 12,2% nas matrículas da EAD, enquanto a educação presencial teve aumento de 3,1%.

Exclusão digital e desigualdade social

Mesmo os indivíduos que têm acesso à rede, muitas vezes o fazem com uma conexão precária de internet. Isso significa que a navegação é mais lenta, o que gera dificuldade para baixar arquivos e músicas, visualizar fotos, filmes etc. Além disso, uma parte da população mais pobre acessa a rede apenas em *lan houses* (figura 3). Esses centros não são suficientes para atender a população excluída do meio digital, além de isso acarretar um custo financeiro considerável para essa população.

Dessa maneira, a desigualdade socioeconômica desencadeia a exclusão digital ao mesmo tempo que a exclusão digital aprofunda as desigualdades socioeconômicas. No Brasil, sabemos que há milhões de jovens e adultos à margem dos recursos digitais, o que traz sérios prejuízos à sua formação e dificulta a conquista de um emprego.

Os novos produtos tecnológicos, que aumentam a velocidade das inovações digitais, passam a indicar uma necessidade da vida moderna. Sem acesso a eles, o indivíduo é considerado excluído do processo digital. Assim, a introdução contínua desses novos produtos aumenta a desigualdade entre quem consegue e quem não consegue acompanhar esse desenvolvimento.

Os mais ricos foram os primeiros a usufruir das vantagens do uso e domínio desses novos produtos tecnológicos, e são os que continuamente se atualizam nos novos lançamentos. Isso lhes dá vantagens no mercado de trabalho e faz aumentar ainda mais a carência e as desvantagens dos excluídos (figura 4).

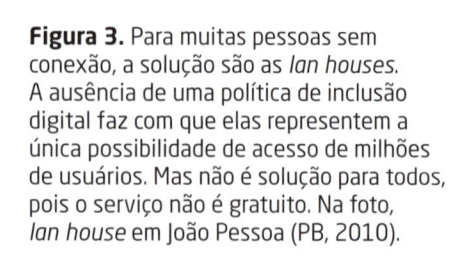

Figura 3. Para muitas pessoas sem conexão, a solução são as *lan houses*. A ausência de uma política de inclusão digital faz com que elas representem a única possibilidade de acesso de milhões de usuários. Mas não é solução para todos, pois o serviço não é gratuito. Na foto, *lan house* em João Pessoa (PB, 2010).

Figura 4. Fila para comprar celular de última geração no dia de seu lançamento, em Berlim (Alemanha, 2013). As novidades tecnológicas ficam disponíveis primeiro para os mais ricos, nos países mais desenvolvidos, e depois para os países em desenvolvimento.

O papel da educação para a inclusão digital

A inclusão depende não apenas do acesso às novas tecnologias, mas também do aprendizado de habilidades essenciais para usá-las, o que requer um grau mínimo de instrução. Um indicador da importância da educação para a inclusão digital é o fato de, no Brasil, 98% das pessoas analfabetas ou que completaram apenas a educação infantil nunca terem acessado a internet (figura 5). A falta de habilidade com o computador ou com a internet está entre os principais motivos para essa população nunca ter utilizado a internet.

Além dos grupos sociais excluídos do acesso às novas tecnologias, há aqueles que, apesar do acesso, não estão capacitados para usufruir todo o potencial da informação disponível na rede (figura 6). Um exemplo são aqueles que não têm compreensão da língua inglesa – principal idioma utilizado nos meios digitais. Certamente esses indivíduos terão maior dificuldade ao se inserir no mundo virtual. Mesmo tendo acesso aos computadores e à internet, terão sua oportunidade de acesso à informação reduzida.

Além disso, o uso do grande volume de informações disponível depende, em grande parte, da interpretação dos usuários da rede. No Brasil, o índice de analfabetismo funcional é bastante alto. O acesso às informações de qualidade, provenientes de fontes confiáveis, ainda está distante das pessoas, mesmo das que têm acesso às novas tecnologias. É raro que os usuários se atentem à responsabilidade intelectual da fonte e não aceitem informações falsas, manipuladas ou descontextualizadas como verdades indiscutíveis. Esses são alguns exemplos de como as desigualdades escolares produzem desigualdades na esfera digital.

Certamente, ter acesso aos recursos tecnológicos constitui uma primeira etapa para tornar a inclusão digital uma realidade para todos, mesmo para os excluídos geográfica, econômica ou culturalmente. Assim, é fundamental que os indivíduos sejam preparados para buscar, acessar e utilizar as informações de forma a gerar conhecimento.

A escola, dessa maneira, desempenha um papel central ao desenvolver as potencialidades dos alunos. Não basta apenas investir em computadores, é preciso também capacitar os professores para lidar com as ferramentas digitais e ampliar as possibilidades de uso dos alunos.

Vivemos em uma sociedade na qual o fluxo das informações está presente no cotidiano das pessoas. Além da busca pela inclusão digital de todos os cidadãos, é fundamental que se faça um grande esforço para acessar informações de qualidade. Hoje, ao pensarmos no progresso da igualdade social, é fundamental levar em consideração a inclusão digital.

FIGURA 5. BRASIL: PORCENTAGEM DE INDIVÍDUOS QUE JÁ ACESSARAM A INTERNET, SEGUNDO O GRAU DE INSTRUÇÃO — 2012

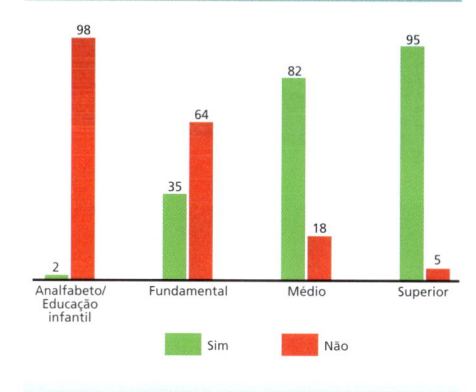

Grau de instrução	Sim	Não
Analfabeto/Educação infantil	2	98
Fundamental	35	64
Médio	82	18
Superior	95	5

Fonte: CETIC. *Proporção de indivíduos que já acessaram a internet.* Disponível em: <www.cetic.br/usuarios/tic/2012/C1.html>. Acesso em: 26 fev. 2014.

GLOSSÁRIO

Analfabetismo funcional: a condição de analfabeto funcional aplica-se aos indivíduos que, mesmo capazes de identificar letras e números, não conseguem interpretar textos e realizar operações matemáticas mais elaboradas.

Figura 6. A exclusão digital também está associada à renda.

CAPÍTULO 8

O consumo na Era Digital

A era da informação

As relações sociais mudam com o passar do tempo, devido às constantes transformações no meio ambiente, na política, na cultura e na economia. O desenvolvimento do capitalismo industrial provocou grande aumento da produção de bens e serviços. Esse aumento na oferta de produtos, acompanhado de uma ideologia que estimulou um consumo massivo desses bens e serviços, mesmo supérfluos, criou a sociedade de consumo. É na atual sociedade, com seus avanços tecnológicos, sobretudo na área de informática e comunicação, que esse consumo se expande rumo à era do consumo digital (figura 7).

> **GLOSSÁRIO**
>
> **Capitalismo industrial:** segunda fase do desenvolvimento do capitalismo. Teve início no século XVIII, com a Primeira Revolução Industrial, e se estendeu até o século XIX, com a Segunda Revolução Industrial. A Inglaterra é considerada o berço dessa fase do capitalismo.

Figura 7. Eventos como as feiras de eletrônicos são cada vez mais comuns no Brasil. Com a popularidade e o momento econômico favorável, as empresas de tecnologia têm investido cada vez mais em seus produtos e suas propagandas. Na foto, exibição internacional de tecnologias da informação em Milão (Itália, 2013).

A partir das décadas 1960 e 1970, o mundo passou a sofrer uma grande transformação que interligou a sociedade, a economia e a cultura às tecnologias. Essa sociedade ficou conhecida como sociedade em rede. A estrutura social dessa nova Era tem como principais características:

- globalização;
- reestruturação do capitalismo;
- formação de redes organizacionais;
- cultura da virtualidade real;
- primazia da tecnologia.

As mudanças geradas por esses elementos são muitas, mas a principal transformação veio com a criação da internet. Esse novo espaço de comunicação rapidamente se transformou em espaço de trocas de informação, de entretenimento, de lazer, de trabalho e de consumo. Nos últimos anos, a atividade mais visada nesse novo espaço de comunicação — ciberespaço — tem sido o comércio eletrônico.

Mercado e consumo na sociedade da informação

O indivíduo da Era Digital amplia e enriquece sua percepção sobre o mundo por meio da tecnologia. A ampliação das potencialidades da atuação humana, principalmente por meio das novas ferramentas de comunicação, resultou em novos hábitos que se apresentam nas formas mais simples do cotidiano. A substituição do CD comercial físico pelos formatos digitais MP3, quando se trata de ouvir música, é um exemplo disso (figura 8).

Figura 8. O cotidiano dos indivíduos dessa nova Era está repleto de situações influenciadas pelo novo mundo digital.

Mercado

Quando pensamos nos aspectos econômicos da sociedade, também podemos ver mudanças causadas pelo mundo digital. Se, para alguns, esse é um espaço livre de interação, para outros é a própria concretização da economia liberal. Isso porque se trata de um mercado com pouca regulação que coloca em contato todos os interessados em trocar, vender e comprar. Sua estrutura também é bastante enxuta e poupa recursos: não é necessário ter espaço físico, todos os produtos são apresentados por meio do *site* na sua loja virtual.

Esse potencial do ciberespaço relacionado à esfera do consumo digital pode ser interpretado como a criação de um **cibermercado**. Nele, pequenos produtores e consumidores podem se beneficiar da conexão entre eles e da redução dos custos.

Publicidade

No final do século XIX, as grandes empresas criaram um mercado de massa com o objetivo de aumentar seus lucros e estruturar uma demanda desorganizada. Para tanto, considerava-se a publicidade um bom investimento. Isso porque o fenômeno do consumo de massa foi uma construção cultural e social criada naquele momento, e a publicidade era um elemento importante na ampliação do mercado consumidor.

Com a multiplicação dos meios de comunicação, no século XX ocorreu não somente a explosão da publicidade, mas sua sofisticação. A ambição de manipular os desejos do público desenvolveu técnicas de persuasão que não pararam de se aperfeiçoar. Apesar disso, o consumismo e a sociedade de consumo não são apenas um resultado do trabalho publicitário. Os consumidores não são somente atores passivos e suas demandas também influenciam os mercados.

No entanto, a publicidade, ao construir determinados objetos de desejo que se universalizaram na cultura ocidental, passou a vender sempre a mesma coisa: bem-estar, conforto, beleza, felicidade e sucesso (figura 9). Ela promete satisfação. E, para isso, oferece uma visão condensada, reducionista e simples da vida, recorrendo a **estereótipos** para impor novos desejos.

> **GLOSSÁRIO**
>
> **Economia liberal:** conjunto de princípios e teorias políticas que apresenta como ponto principal a não interferência do Estado no mercado.
>
> **Demanda:** procura por um bem ou serviço no mercado em determinado momento; solicitação.
>
> **Estereótipo:** ideia preconcebida sobre alguém ou algo, gerada por expectativas infundadas, hábitos de julgamento ou falsas generalizações. Também pode tratar-se do que é falta de originalidade; banalidade, lugar-comum, modelo, padrão básico.

Figura 9. A publicidade utiliza-se de todos os meios para atingir seu público, seja no aspecto tecnológico, seja na criatividade dos que buscam formatos cada vez mais diferenciados, criativos e eficientes para atrair esse público.

O ESTRANHO FAMILIAR

Planejados para durar pouco

O fato de que os aparelhos sejam feitos para não durar alimenta o mercado e desperdiça mercadorias.

Seu celular e seu computador exigem frequentes atualizações para rodar novos programas e aplicativos? A bateria ficou obsoleta e é mais barato comprar um novo aparelho? Os equipamentos estão ficando lentos e um lançamento já está nas lojas?

Saiba que você acaba de se juntar ao mundo da **obsolescência programada**. O descarte de produtos, seja por mau funcionamento, por seu envelhecimento causado por constantes lançamentos de novas versões ou pela publicidade, que incentiva trocas constantes, faz parte das estratégias das indústrias para incentivar o consumo.

Assim como um carro, é comum que os equipamentos precisem de manutenção; o que não é usual é que o próprio fabricante programe o mau funcionamento ou mesmo antecipe o fim da vida útil de determinado produto apenas para aumentar o consumo. Apesar dos avanços tecnológicos que presenciamos ano a ano, uma CPU de computador, que nos anos 1990 durava até sete anos, hoje dura apenas dois.

Enquanto a obsolescência programada incentiva que milhares de pessoas descartem computadores que poderiam ser perfeitamente reutilizados com alguns ajustes, em 2012, 54% dos domicílios brasileiros não possuíam computadores de mesa, *laptops* ou *tablets*.

GLOSSÁRIO

Obsoleto: diz-se daquilo que já não se usa; arcaico, antigo, fora de moda; ultrapassado, antiquado.

As diferenças regionais e socioeconômicas marcam profundas desigualdades na propriedade de computadores. Há uma enorme desvantagem para os moradores de regiões rurais, principalmente no Norte e Nordeste, onde a renda *per capita* também é mais baixa. A importância da renda familiar é expressa na constatação de que o número de domicílios com computadores decresce de forma proporcional à renda familiar.

Observe a tabela abaixo.

BRASIL: PROPORÇÃO DE DOMICÍLIOS COM COMPUTADOR – OUT./2012-FEV. 2013			
		Com computador (%)	Sem computador (%)
Área	Urbana	51	49
	Rural	15	85
Região	Sudeste	54	46
	Nordeste	31	69
	Sul	55	45
	Norte	30	70
	Centro-Oeste	46	54
Renda familiar	Até 1 salário mínimo	10	90
	Mais de 1 SM até 2 SM	29	71
	Mais de 2 SM até 3 SM	57	43
	Mais de 3 SM até 5 SM	75	25
	Mais de 5 SM até 10 SM	89	11
	Mais de 10 SM	94	6
Total		46	54

Fonte: SILVA, Edineide Santana Cardoso da. Temas transversais e dissertação: uma experiência a partir das tecnologias da informação e comunicação (TIC). In: *Anais do VI Fórum Identidades e Alteridades e II Congresso Nacional Educação e Diversidade*, 2013. Sergipe. p. 5. Disponível em: <200.17.141.110/forumidentidades/VIforum/textos/Texto_VI_Forum_21.pdf>. Acesso em: 11 mar. 2014.

Atividade

Discorra sobre a relação entre a obsolescência programada e a exclusão digital.

Figura 10. A crescente popularização das conexões de banda larga tem possibilitado novos negócios. Com o aumento da velocidade das conexões, o comércio virtual cresce cada vez mais.

Comércio eletrônico

O comércio eletrônico pode ser definido como a compra e a venda de informações, produtos e serviços por meio da internet. Com a evolução da tecnologia e o crescimento na acessibilidade à internet, o comércio eletrônico se tornou mais vantajoso no mercado competitivo.

Motivadas pelas possibilidades da internet, diversas empresas se estabeleceram no mundo virtual, buscando novas oportunidades de lucro. Essas mudanças envolvem principalmente a redução de custos, já que uma loja virtual não tem gastos com o local, além de ter um número reduzido de funcionários e produtos estocados (figura 10).

Consumidor ativo

No comércio físico, os custos com a estocagem, o espaço físico da loja, os funcionários etc. tornam muito oneroso para as empresas o estoque de todos os seus produtos para que estejam sempre disponíveis aos consumidores. No comércio eletrônico, o consumo tem ganhado contornos diferentes do comércio tradicional. Sem as barreiras impostas pelas lojas físicas, os catálogos se ampliam e se tornam mais personalizados, modificando os hábitos de consumo tradicionais.

Outra característica desse tipo de comércio é a participação crescente dos consumidores nos processos de produção. Esse consumidor virtual, a um só tempo, recebe e cria informações sobre os produtos, que chegam rapidamente aos produtores por meio das centrais de relacionamento disponíveis nos *sites*. Por isso, os estudiosos observam que o verdadeiro motor dessa transformação econômica é o consumidor ativo.

Consumo digital

O compartilhamento de informação é uma atitude que vem se estabelecendo como característica do ciberespaço. As inovações tecnológicas têm caminhado na direção de serem facilitadoras da **coparticipação**. Não é diferente com as atividades de consumo, como são os casos de divulgação de informações sobre ofertas, da troca de experiências a respeito de produtos, da avaliação dos procedimentos comerciais etc.

Antes do desenvolvimento do comércio eletrônico, as tendências eram ditadas, principalmente, pela **indústria cultural** de acordo com as classes sociais. Hoje, o consumo digital possibilita que os princípios individualizantes do consumo, as escolhas pessoais, sejam usados em conjunto com os princípios da formação das coletividades.

Os *sites* de compra coletiva são exemplos desse fenômeno de consumo digital. A compra coletiva incentiva os consumidores a conhecerem novos estabelecimentos, serviços e produtos a preços reduzidos. Para alguns estudiosos, o apelo à competitividade, longe de atuar como desagregador, é um fator de associação que aproxima empresas que concorrem entre si. Essa interconexão se dá por meio das infraestruturas de transporte compartilhadas, da concentração dos mercados em cidades maiores etc.

> **GLOSSÁRIO**
>
> **Indústria cultural:** trata-se da orientação ideológica de massas e imposição de comportamentos por meio da manipulação das mídias de comunicação. Tem como objetivo moldar a produção artística e cultural, de modo que elas assumam os padrões comerciais e que possam ser facilmente reproduzidas.

Para outros, mesmo que a rede de compartilhamento aumente o ganho de cada uma das empresas integrantes, a base do comportamento continua sendo o individualismo. Dessa forma, em nada se diferenciaria do modelo consumista tradicional, já que, tratando-se dos valores e ideais capitalistas, a competição, o individualismo e o consumismo continuam presentes (figura 11).

Figura 11. As compras pela internet são, ao mesmo tempo, incentivadoras do consumismo e possibilitadoras de uma aproximação entre os consumidores e os vendedores.

Mudança nos hábitos de consumo: a "cauda longa"

Os baixos custos de distribuição e armazenamento de empresas que aplicam a estratégia da distribuição digital com sucesso permitem que obtenham uma quantidade significativa de lucro. Ao ofertar mercadorias incomuns (menos populares) para várias pessoas, em vez de se limitar aos poucos produtos populares que vendem em maior quantidade, elas conseguem diversificar suas estratégias de venda. O conjunto das vendas dessa grande quantidade de produtos menos populares é chamado de "cauda longa" (figura 12).

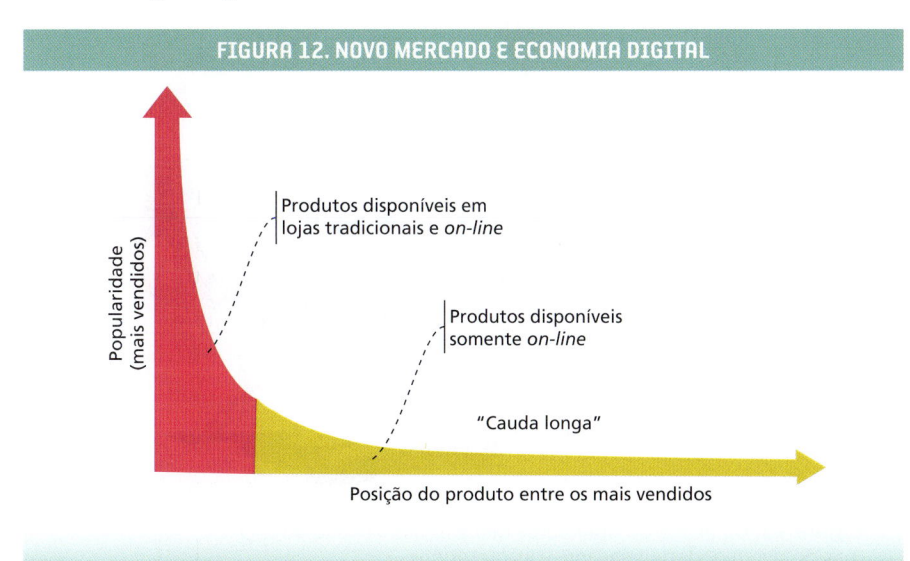

FIGURA 12. NOVO MERCADO E ECONOMIA DIGITAL

Empresas de internet faturam alto com a venda de produtos menos populares para diversos pequenos nichos de pequenos consumidores, ao contrário das tradicionais, cujo faturamento é baseado em poucos produtos mais populares.

Fonte: COSTA, Cíntia. As regras da Web 2.0. Como tudo funciona. Disponível em: <http://tecnologia.hsw.uol.com.br/web-202.htm>. Acesso em: 2 jun. 2014.

Mais opções nos *downloads*

Nas lojas de CDs, por exemplo, apenas os artistas ou bandas mais populares conseguem seu lugar nas prateleiras. O espaço nas lojas tem um custo para a empresa, fazendo com que o número de músicas disponíveis para venda seja muito pequeno quando comparado com o total de músicas existentes (figura 13). Os novos consumidores não estão em busca de CDs, mas de *downloads* de suas músicas preferidas.

Do lado do consumidor, surge a possibilidade de saciar gostos fora do padrão dos *hits* (sucessos). Antes da comercialização de músicas ou *downloads* gratuitos pela internet, a oferta de produtos tinha como base a **homogeneidade** dos consumidores. A lógica tradicional da produção em massa praticamente garantia a homogeneização dos gostos. Isso dificulta o consumo alternativo, dada a dificuldade de encontrar produtos que não sejam voltados para o consumo de massa. O comércio eletrônico tem ampliado o leque de escolhas do consumidor e se diferenciado do consumo tradicional.

Figura 13. Os novos consumidores não estão em busca de CDs, mas de *downloads* de suas músicas preferidas.

Consumo de mídia e sociabilidade

As mídias digitais têm se mostrado um grande espaço de interação social e de consumo. No Brasil, ocorreu um aumento significativo no consumo dessas mídias. De acordo com o estudo *Medindo a sociedade da informação*, publicado pela União Internacional de Telecomunicações (UIT), em 2012, o percentual de domicílios com computador subiu de 45% para 50%, e o acesso à internet passou de 38% para 45%.

A pesquisa publicada pelo Instituto Brasileiro de Opinião Pública e Estatística (Ibope), em 2013, sobre consumo de mídia no Brasil mostra que 4% da população já possui *tablet*, 16% tem *smartphone* e 31% possui celular com acesso à internet (figura 14). Informou também que, nos domicílios com conexão, a internet é a mais utilizada das mídias (58%), ganhando da TV com 42%. Outro dado interessante é que 73% desses usuários utilizam algum aparelho para navegar na internet enquanto assistem à TV.

Sabemos que, a cada compra tecnológica, novas habilidades são exigidas, tornando antiquadas as habilidades anteriores. Assim, as promessas de satisfação ao adquirir um aparelho tecnológico podem se tornar frustrações, gerando outros problemas.

Apesar do aumento significativo no consumo, as mídias digitais não são uma resposta a uma necessidade, porque sua existência e seu desenvolvimento não foram determinados pela demanda popular.

A demanda por esses produtos é posterior à sua introdução no mercado. Isso significa que a demanda não cria a oferta. São os fornecedores que estimulam a demanda por meio da publicidade e do *marketing*.

Figura 14. Diversas pessoas registrando com celulares e *tablets* a apresentação da cantora Beyoncé em Brasília (DF, 2013).

ATIVIDADES

REVISÃO E COMPREENSÃO

1. Nas primeiras unidades deste livro reconhecemos como as relações individuais, políticas e culturais atualmente são condicionadas, em grande parte, pelas TICs. Entretanto, a possibilidade de acesso a todo esse aparato tecnológico e a inclusão no mundo digital ainda são bastante restritas, principalmente nos países mais marcados por desigualdades. Descreva quais são as principais características da infoexclusão e como se dá esse processo no Brasil.

INTERPRETAÇÃO E PRÁTICA

2. A partir da análise do mapa abaixo e dos debates gerados por esta unidade, responda às questões.

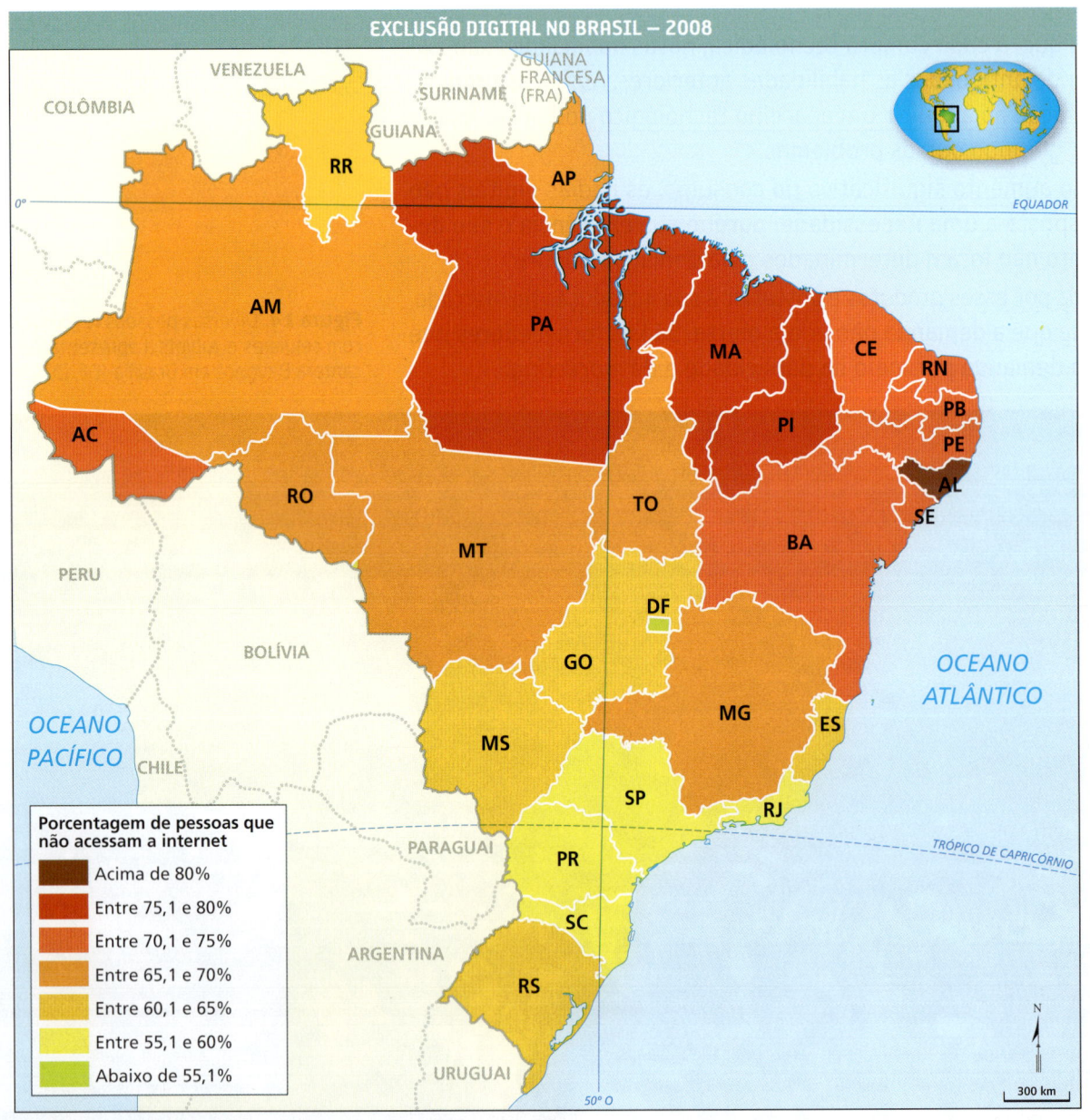

EXCLUSÃO DIGITAL NO BRASIL – 2008

Porcentagem de pessoas que não acessam a internet:
- Acima de 80%
- Entre 75,1 e 80%
- Entre 70,1 e 75%
- Entre 65,1 e 70%
- Entre 60,1 e 65%
- Entre 55,1 e 60%
- Abaixo de 55,1%

Fonte: O mapa da exclusão digital. *Planeta Sustentável*. Disponível em: <planetasustentavel.abril.com.br/pops/mapa-exclusao-digital.shtml>. Acesso em: 11 mar. 2014.

a) Qual das regiões do Brasil tem maior proporção de pessoas sem acesso à internet?
   a) Norte
   b) Centro-Oeste
   c) Nordeste
   d) Sudeste
   e) Sul

b) Como é possível relacionar os dados presentes no mapa com a noção de exclusão digital?

3. As redes sociais se popularizaram no Brasil, alcançando milhões de pessoas. Esse fenômeno ocorreu a partir da massificação do acesso aos computadores para boa parte da população. A partir da charge apresentada no início do capítulo 7 (figura 1), explique a relação entre o acesso às redes de comunicação e a desigualdade social existentes no Brasil.

EXPLORANDO O COTIDIANO

4. Na leitura desta unidade, percebemos que existe uma grande desigualdade no consumo de bens eletrônicos. De um lado, os excluídos do consumo, da linguagem e do acesso às novas tecnologias; de outro, os incluídos na Era Digital, na sociedade do consumo e no incansável ciclo de compra e troca de novos produtos eletrônicos. Vamos explorar o cotidiano e perceber de que forma essa desigualdade aparece na sua escola, rua ou bairro.

   Formem grupos de quatro alunos. Elaborem perguntas (algumas estão sugeridas abaixo) para fazer aos entrevistados. Façam a eles questões sobre bens eletrônicos (celular, *tablet*, *notebook*) e sobre acesso à internet, aplicativos, programas, entre outras. Façam um resumo dos resultados obtidos traçando um perfil da exclusão digital entre os entrevistados. Apresentem para a turma.

   Sugestões de perguntas:

   1– Você tem celular, *tablet* e/ou computador? Se sim, quantos e quais deles?
   2– Você tem acesso à internet em casa?
   3– Você tem celular com acesso à internet?
   4– Você tem acesso à internet em outro local (trabalho, *lan house*)?
   5– Você tem facilidade para compreender as linguagens e os códigos próprios da internet? (Se não, explicitar os motivos).
   6– Você tem o hábito de fazer *downloads*? Se sim, o que você baixa da rede?
   7– Você acha que existe exclusão digital no Brasil? Por quê?

5. Vivemos em tempos caracterizados pela lógica da "sociedade de consumo", em que a ideia de felicidade, o sucesso e a realização pessoal estão atrelados à capacidade de comprar e adquirir bens e produtos. É fácil reconhecer que a crescente influência do mundo digital em nossa vida faz com que a internet se torne um meio capaz de estabelecer uma nova forma de expansão do mercado consumidor. A partir dessa perspectiva, pesquise na internet a frequência e o espaço ocupado por propagandas em *sites* populares como Facebook e Youtube. Desenvolva os resultados de sua pesquisa fazendo uma reflexão crítica sobre a publicidade e relacione-os com seu próprio comportamento de consumidor.

VISÕES DE MUNDO

Os conceitos de inclusão e exclusão social e digital não são fenômenos isolados. As formas como essas desigualdades são definidas e percebidas dependem do desenvolvimento cultural, tecnológico e político de cada grupo social. A introdução de novos produtos cria novos parâmetros de análise social. Essas tecnologias passam a ser indicativos das condições de vida das pessoas e aumentam a distância entre ricos e pobres.

Texto 1: O que é ser um excluído digital?

"[...] Um excluído digital tem três grandes formas de ser excluído. Primeiro, não tem acesso à rede de computadores. Segundo, tem acesso ao sistema de comunicação, mas com uma capacidade técnica muito baixa. Terceiro (para mim é a mais importante forma de ser excluído e da que menos se fala), é estar conectado à rede e não saber qual o acesso usar, qual a informação buscar, como combinar uma informação com outra e como a utilizar para a vida. Esta é a mais grave porque amplia, aprofunda a exclusão mais séria de toda a História; é a exclusão da educação e da cultura porque o mundo digital se incrementa extraordinariamente. [...]"

CASTELLS, M. O caos e o progresso. *Extra Classe*, Porto Alegre, 30 jan. 2005. Excerto de entrevista concedida a Keli Lynn Boop. Disponível em: <www.sinpro-rs.org.br/extraclasse/mar05/entrevista.asp>. Acesso em: 28 fev. 2014.

Texto 2: Mapa da inclusão digital

"[...]
O Brasil tem um mundo dentro de si desde São Caetano (SP), que apresenta o maior índice do país de acesso à internet em casa (74%, similar ao do Japão), a Aroeiras (PI), que tem zero virtual.

O líder mundial é a Suécia, com 97% de domicílios conectados, índice similar ao da praia da Barra da Tijuca, no Rio de Janeiro. Já Rio das Pedras, a favela vizinha, tem o menor percentual da cidade (21%), parecido com o do Panamá.

[...]

Os cinco primeiros do *ranking* global são países nórdicos, os mesmos que lideram o *ranking* de felicidade reportada pelas próprias pessoas. Não que um cause o outro, mas ambos integram a mesma cena.

Como medir a conectividade? As bases supracitadas identificam apenas o acesso das pessoas a computador, conectado ou não à internet, em suas casas, e não o efetivo uso da rede mundial de computadores.

No âmbito das políticas públicas, é preciso monitorar o efetivo uso da internet e seus respectivos locais, podendo haver mais de um local entre os incluídos: casa, 57%; *lan houses*, 35%; trabalho, 31%; casa de amigos, 20%; escola, 18%; locais públicos gratuitos, 5,5%.

No que se refere à qualidade de acesso domiciliar, 80,7% foram feitos em banda larga e o grosso restante por meio de acesso discado.

Quais são as razões dos sem-rede? Elas são diversas, variando de lugar para lugar. Na capital mais incluída, Florianópolis, que é líder da banda larga, vigora a falta de interesse (62% de respostas da minoria excluída). Lá é, sintomaticamente, a capital da classe AB. Se a carteira de trabalho é o símbolo da nova classe média, ou classe C, a internet banda larga é o da classe AB. Como item de consumo, mas acima de tudo para educação, para trabalhar e em busca por trabalho.

Navegar é preciso

A distante Rio Branco é a capital do motivo falta de estrutura (42%). Já na hospitaleira João Pessoa é onde as pessoas não acessam mais por falta de conhecimento (47%). Talvez por isso, lá é onde as pessoas acessam mais a internet em casa de parentes e de amigos.

Olhando a média nacional, o principal motivo da exclusão é a falta de interesse (33%), seguido pela incapacidade de usar a internet (31%). Ambos decorrem dos problemas educacionais vigentes.

Não basta que computadores caiam de paraquedas na vida das pessoas. Se navegar na rede é preciso, educar também é preciso!

NERY, M. Mapa da inclusão digital. *Folha de S.Paulo*, São Paulo, 20 fev. 2012. Disponível em: <www.observatoriodaimprensa.com.br/news/view/_ed695_mapa_da_inclusao_digital>. Acesso em: 27 fev. 2014.

Crianças acessando a internet em *lan house* no bairro Santa Cruz, no Rio de Janeiro (RJ, 2010).

Atividades

OBTER INFORMAÇÕES

1. Liste as características de um excluído digital segundo Manuel Castells, autor do texto 1.
2. Relacione as razões para o não acesso à internet detectadas na pesquisa do texto 2.

INTERPRETAR

3. De acordo com o texto 2, o que é necessário para que se melhore a inclusão digital?
4. As razões para a exclusão digital apontadas no texto 1 são encontradas na pesquisa do texto 2? Se sim, quais?

REFLETIR

5. A partir do texto 2, reflita com seus colegas como a exclusão digital é reflexo da desigualdade social no Brasil.

DIREITO É DIREITO

Inclusão digital e social

Cada artigo de uma lei trata de um tema e, quando ele é muito complexo, são necessários incisos para torná-lo mais claro. O artigo 5º da Constituição Federal de 1988 tem 78 incisos. Ele estabelece inúmeros direitos e garantias fundamentais para brasileiros e estrangeiros que vivem em nosso país: direito à vida, igualdade entre os sexos, livre manifestação de pensamento, liberdade para criar associações, defesa do consumidor, sigilo das votações etc.

Uma pesquisa realizada na Faculdade de Direito da Universidade de São Paulo (USP) propõe que a "inclusão digital" também seja considerada um direito fundamental. De acordo com o estudo, "o direito à internet e às novas tecnologias digitais deve estar acima de todos os outros, pois, nos dias atuais, é cada vez mais comum que seja por meio dele que os outros direitos funcionem adequadamente". Como a maioria dos excluídos digitais são justamente aqueles que já têm dificuldades financeiras e de escolarização, a falta de acesso a essas tecnologias contribui para reforçar as outras exclusões.

Reflexão

A partir do debate acerca da inclusão digital como direito fundamental, reflita sobre a relação entre exclusão digital e as desigualdades sociais.

Alunos de escolas municipais em local oferecido pela Prefeitura de São Caetano do Sul para acesso de crianças e adultos à internet (SP, 2009). Projetos de inclusão digital nas escolas públicas são vistos como estratégias eficientes para reduzir a desigualdade e aumentar oportunidades profissionais futuras.

INDICAÇÕES

Para ver

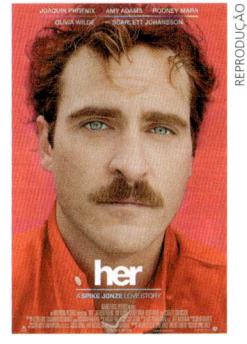

▶ **Her (Ela)**

Direção: Spike Jonze. Estados Unidos, 2013.

Um escritor solitário e pouco sociável, Theodore, compra um sistema operacional com avançada tecnologia de inteligência artificial. O sistema é programado para atender a todas as suas necessidades. Trata-se de um *software* que, uma vez executado com o perfil do usuário, é capaz de se relacionar com ele. Com o passar do tempo, Theodore acaba se apaixonando pela voz do programa, mantendo um relacionamento muito próximo com ela, batizada de Samantha. O filme é uma história de amor não convencional misturando ficção científica e romance, mostrando as formas pelas quais a tecnologia nos isola e nos conecta ao mesmo tempo.

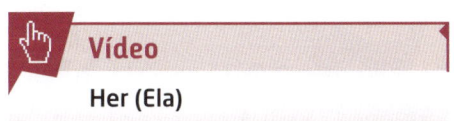

Vídeo
Her (Ela)

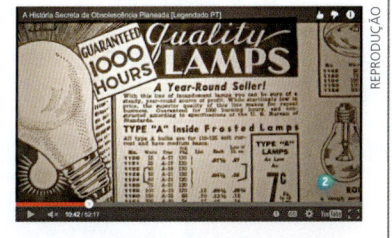

▶ **A história secreta da obsolescência planejada**

Direção: Cosima Donnoritzer. Espanha, 2010.

O documentário aborda desde os primeiros produtos a serem fabricados para ter uma vida útil curta (como a lâmpada e a meia-calça) até a obsolescência planejada dos aparelhos tecnológicos atuais. O filme é um bom retrato de iniciativas de pessoas ou grupos de pessoas que se unem contra a lógica da obsolescência planejada.

Para ler

▶ **Tecnologia e inclusão social – A exclusão digital em debate**

Mark Warschauer. São Paulo: Senac, 2006.

Mark Warschauer mostra que o simples fornecimento das tecnologias da informação e comunicação não é suficiente para reduzir o problema da exclusão digital. É preciso criar condições para que as pessoas sejam capazes não somente de acessar tais tecnologias, mas sim de, sabendo utilizá-las, produzir novos conhecimentos a partir de seu uso.

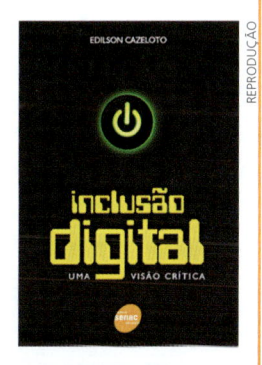

▶ **Inclusão digital – uma visão crítica**

Edilson Cazeloto. São Paulo: Senac, 2008.

Nessa obra, o autor investiga como as políticas de inclusão digital devem, necessariamente, passar por questionamentos anteriores sobre como as relações econômicas, de poder e dominação condicionam o processo seletivo de inclusão e exclusão digital.

Para navegar

▶ **Portal Mapa da Inclusão Digital**

<www.cps.fgv.br/cps/telefonica/>

O Portal Mapa da Inclusão Digital apresenta e discute dados sobre o acesso à internet no Brasil. Além de oferecer gráficos e simuladores sobre a realidade nacional, é possível compilar dados regionais, de forma a verificar as fortes desigualdades entre as regiões brasileiras.

▶ **Centro de Estudos sobre as Tecnologias da Informação e da Comunicação**

<www.cetic.br/usuarios/tic/>

O *site* disponibiliza o resultado da pesquisa *TIC Domicílios e Empresas*, que aborda diversas dimensões do acesso, uso e motivos da exclusão digital segundo diferentes variáveis (região geográfica, nível de instrução, gênero, classe social). Possui ainda publicações específicas sobre as TICs nas escolas brasileiras e o uso das novas tecnologias por crianças e adolescentes.

84

UNIDADE 5
MUNDO DO TRABALHO E NOVAS TECNOLOGIAS DIGITAIS

Começando a unidade

De que forma o uso das TICs no mundo do trabalho reforça as desigualdades sociais estabelecidas historicamente?

As TICs geram oportunidades, mas também criam novos desafios para empregados e empregadores. Muitos cargos criados por essas tecnologias são temporários ou informais, o que não permite que os trabalhadores sejam amparados por redes de proteção social, garantidas pela Consolidação das Leis de Trabalho (CLT). Trabalhadores de centrais de televendas, por exemplo, não contavam com uma regulamentação de sua atividade até 2014. A precarização do trabalho no setor informacional, por falta de uma legislação específica de proteção e pela oferta crescente de vagas, é uma das possibilidades abertas pelas TICs no ambiente de trabalho.

Por outro lado, esses avanços tecnológicos possibilitam o trabalho colaborativo, realizado simultaneamente por várias pessoas em diferentes regiões do mundo. Esse tipo de trabalho permite a criação e propagação de novos conhecimentos, por exemplo, por meios como a Wikipédia — uma enciclopédia aberta e colaborativa — e o Projeto Gutenberg — que digitaliza e disponibiliza livros de domínio público.

Objetivos da unidade

Ao final desta unidade, você poderá:
- Compreender a importância do trabalho colaborativo na atualidade.
- Identificar as principais mudanças no mundo do trabalho provocadas pelas TICs.

CAPÍTULO 9

Sociedade em rede e trabalho colaborativo

A sociedade em rede

Hoje, ao ler jornais e revistas na internet podemos interagir com quem escreveu a matéria e com os demais leitores. Além disso, é possível difundir notícias nas redes sociais, pesquisar fontes de informações e partilhar conhecimentos que possuímos e que pareçam importantes para a discussão. Com a possibilidade de estarmos conectados ao que acontece em praticamente qualquer parte do mundo, acontecimentos distantes podem tornar-se parte da nossa rotina, e pessoas com quem nunca nos encontramos pessoalmente, amigos próximos.

Os efeitos na sociabilidade acabam por afetar os processos de produção, em especial aqueles ligados à informação e à comunicação. Hoje, praticamente qualquer pessoa com um *smartphone* e disposição para compartilhar conteúdos pode exercer o papel de um jornalista. No entanto, a credibilidade das informações difundidas ainda é um problema. A solução mais frequente para essa questão é a vigilância dos internautas, que acabam cumprindo outro papel antes reservado para profissionais e especialistas: a edição e fiscalização das informações disponíveis (figuras 1 e 2).

Figuras 1 e 2. A quantidade de informação disponível na internet influencia o trabalho de jornalistas de mídias tradicionais e criou novas questões sobre a qualidade da informação disponível. Os cinegrafistas amadores podem expor fatos ao público por meio da mídia tradicional (televisão, revistas, jornais, rádios) ou pela internet. Na foto, manifestante filma discurso político em Londres (Reino Unido, 2012).

Redes sociais colaborativas

Na sociedade em rede, os indivíduos articulam-se uns com os outros e estabelecem um conjunto de relações com base em afinidades e interesses comuns, formando redes sociais virtuais.

As relações nas redes sociais *on-line* se caracterizam por ser interpessoais, diversificadas, especializadas e por terem a habilidade de fazer-se e desfazer-se de súbito. Elas são compostas de pessoas e organizações, conectadas por um ou mais tipos de relações, que partilham valores e objetivos em comum.

Em tempos de globalização, as redes sociais *on-line* têm crescido em importância e atuam em diferentes níveis da vida social. Em geral, essas redes podem ser:

- **Comunitárias** – estabelecidas em bairros ou cidades, com a finalidade de agrupar temas referentes a interesses que os habitantes tenham em comum, melhorar a situação do local ou promover outras discussões.
- **Profissionais** – procuram fortalecer a rede de contatos de um indivíduo ou empresa, visando futuros benefícios profissionais.
- **Relacionamentos** – oferecem serviços *on-line*, como plataformas ou *sites*, para estabelecer contato entre pessoas que compartilhem interesses, além de oferecer serviços como compartilhamento de fotos, bate-papo e jogos.

Como característica comum, esses vários tipos de rede compartilham informações, conhecimentos, interesses e esforços em busca dos mesmos objetivos. O uso das redes sociais tem favorecido tanto o trabalho colaborativo, quanto os processos de ampliação dos mecanismos de participação democrática. Por meio dessas redes podemos colaborar em projetos, ideias ou observações. A colaboração em rede é uma das características principais da socialização constituída pela difusão da internet (figura 3).

Figura 3. Cartaz do 1º Encontro Nacional de Produtoras Culturais Colaborativas (BA, 2013). O encontro de redes sociais colaborativas propõe difundir, por meio de palestras, debates e oficinas presenciais, a troca de experiências sobre conhecimentos obtidos com o uso de tecnologias sociais livres.

O trabalho colaborativo

Em um ambiente de trabalho, a colaboração é o processo de interação de várias pessoas para a realização de uma tarefa. Cada colaborador se dedica a resolver uma parte da atividade, o que permite dividir o esforço necessário e acelerar a realização da tarefa em questão (figura 4). Em um grupo colaborativo, todos os participantes são responsáveis pelas decisões tomadas e pela qualidade do que é produzido pelo conjunto, de acordo com suas possibilidades e interesses.

A colaboração é uma prática antiga que ganhou uma leitura científica ao ser incorporada no processo industrial. Ela perdeu seu princípio democrático e seus membros passaram a trabalhar como peças de uma engrenagem, sem poder de decisão ou responsabilidade pelo resultado final do trabalho. O fordismo é o melhor exemplo dessa prática.

Figura 4. O trabalho colaborativo é uma antiga estratégia social de realização de tarefas que se modificam de acordo com a tecnologia disponível em cada momento histórico das sociedades.

Por isso, podemos diferenciar a ideia de **colaboração** e de **cooperação**. A operação coletiva de trabalhadores em uma fábrica fordista é compreendida como um processo de cooperação. A palavra cooperação significa "operar ou executar juntos", isto é, atuar para o funcionamento de um sistema já existente.

A colaboração, por sua vez, significa "laborar, trabalhar ou produzir juntos". Seu princípio é o trabalho em conjunto no qual o coletivo toma todas as decisões e também executa o trabalho (figura 5).

Figura 5. Para diferenciar o trabalho coletivo dentro de um sistema preestabelecido de uma produção colaborativa é importante saber que, para haver colaboração, as decisões precisam ser tomadas coletivamente. Na foto, estudantes da Universidade de São Paulo tomam decisão coletivamente em assembleia (SP, 2013).

Com as novas tecnologias de comunicação e informação, esse processo se transformou. Os grupos colaborativos passaram a reunir milhares de pessoas sem que precisassem estar no mesmo espaço físico. Além disso, a possibilidade de visualizar um trabalho simultaneamente e assumir parte da tarefa sem uma orientação centralizada concedeu a cada membro uma fração igual de poder na realização do trabalho e responsabilidade pelo resultado final.

Um exemplo da simplicidade de execução e da importância do trabalho colaborativo na internet é o Projeto Gutenberg. Ele é composto de pessoas que disponibilizam versões digitais de livros em domínio público. As obras disponibilizadas são clássicos da literatura universal, muitos deles com edições esgotadas. Digitalizar um livro do século XIX com cerca de mil páginas e torná-lo acessível a todos é um trabalho que exige muitas horas de transcrição. Mesmo assim, os milhares de entusiastas do projeto tomaram para si a tarefa de digitar apenas uma página, um trabalho rápido e fácil de ser realizado. Como a digitalização do livro é feita simultaneamente por milhares de pessoas, por meio do trabalho colaborativo, um livro de mil páginas se torna disponível na rede em apenas alguns minutos (figura 6).

O trabalho colaborativo mediado pelas TICs vem crescendo rapidamente com a propagação das redes sociais. As novas formas de produção têm se caracterizado pelo uso de linguagens múltiplas, já que os trabalhos podem ser realizados por várias pessoas ao mesmo tempo.

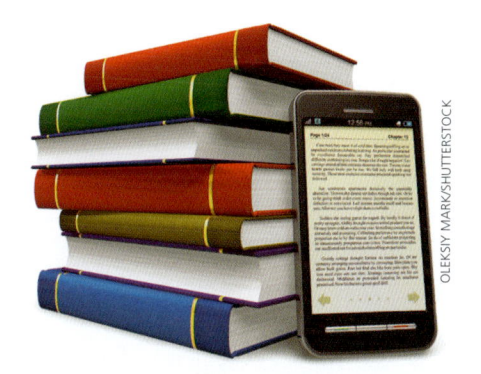

Figura 6. Por meio do trabalho colaborativo, um livro pode ganhar sua versão digital em minutos. O Projeto Gutenberg é prova disso.

Trabalho colaborativo e educação

Na educação, o trabalho colaborativo contribui para novas formas de ensino-aprendizagem. Na relação entre o professor e o aluno, e entre os estudantes, esse tipo de trabalho muda a forma de produzir e apresentar atividades acadêmicas. Nos últimos anos, o ensino à distância (EAD) tem apresentado grande crescimento. Essa é uma nova modalidade de educação, mediada pelas TICs, que possibilita que professores e estudantes trabalhem juntos, mesmo estando em lugares diferentes. Esse processo provoca uma reformulação nos espaços escolares e permite que alunos e professores compartilhem projetos comuns com pessoas em qualquer lugar do mundo (figura 7).

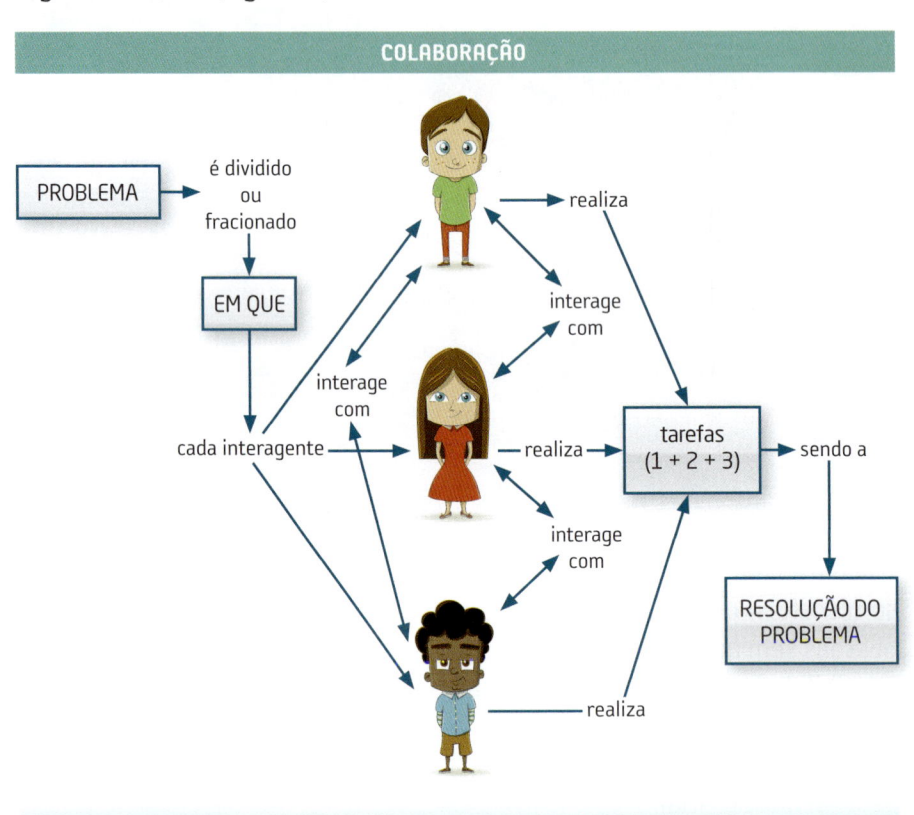

Figura 7. Esquema explicativo sobre o trabalho colaborativo.

O teletrabalho

A facilidade de comunicação proporcionada pela introdução da internet nos processos de produção trouxe consigo uma nova forma de organização conhecida como teletrabalho. Essa modalidade também pode ser chamada de trabalho remoto ou à distância. A característica principal desse tipo de ocupação é a possibilidade de distância física entre os envolvidos. Nesse ambiente virtual, os trabalhadores são chamados de **teletrabalhadores**.

O teletrabalho não se refere à realização de uma função ou atividade específica, mas ao fato de esta ser realizada à distância. Assim, quem presta um serviço para uma organização pode exercer sua função em um local diferente da empresa. Diferentemente da forma tradicional, no teletrabalho o funcionário não fica restrito ao espaço da empresa, e não é obrigado a se deslocar para o trabalho diariamente para poder exercer sua atividade (figura 8).

Figura 8. Funcionários de uma empresa podem realizar suas funções em lugares distantes do escritório por meio do uso da internet e da telefonia móvel.

O conceito de teletrabalho é recente. Ele tem sido adotado por diferentes organizações empresariais em diferentes áreas, funções e atividades. A aplicação desse conceito ocorre com mais frequência nas áreas de vendas, consultoria, engenharia, tecnologia da informação, administração de empresas e televendas ou teleatendimento.

Ao ultrapassar os muros da empresa, o teletrabalho redimensiona também o tempo da realização das atividades. Muitas vezes, o funcionário se vê obrigado a sacrificar seu tempo de lazer e descanso para cumprir suas obrigações com a empresa (figura 9).

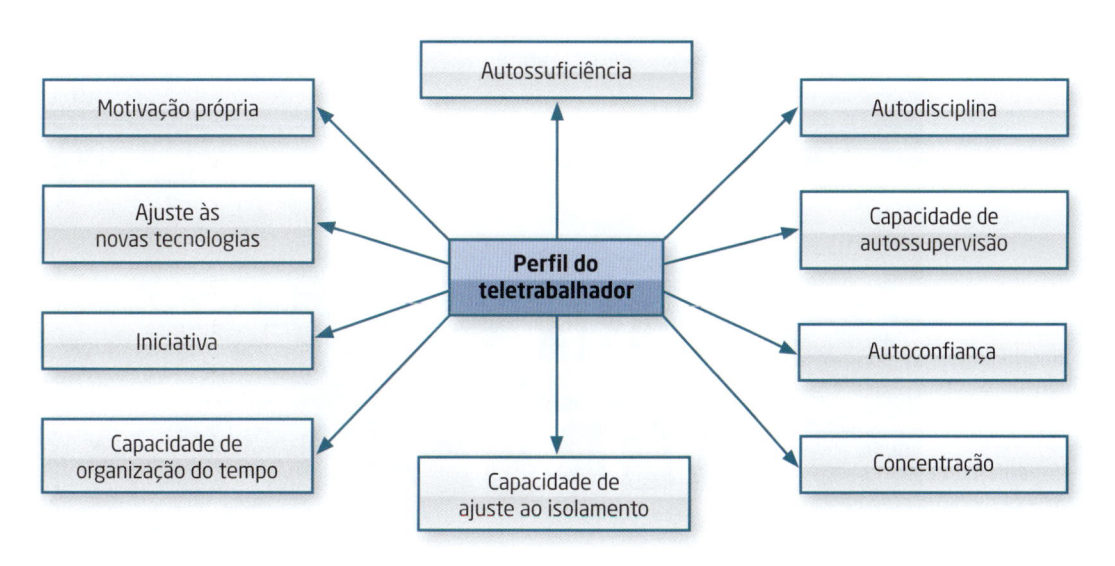

Figura 9. A imagem mostra o perfil do teletrabalhador destacando as habilidades pessoais esperadas pelos empregadores.

CAPÍTULO 10

Os infoproletários e o novo mundo do trabalho

A sociedade da informação e as novas formas de organização do trabalho

Nas últimas décadas ocorreram diversas transformações na sociedade, boa parte delas influenciada pela expansão das TICs. No que se refere ao espaço da produção de bens, o impacto das tecnologias gera inúmeras mudanças. Discutiremos agora duas delas, o impacto causado na organização do mundo do trabalho e o surgimento de uma nova categoria de trabalhadores, os infoproletários.

Mundo do trabalho: o que é isso?

Em qualquer sociedade, a **produção material da vida** é realizada a partir da interação entre diferentes indivíduos e coletividades que estabelecem entre si relações que são, ao mesmo tempo, colaborativas e hierárquicas. Na sociedade capitalista, o espaço onde esse processo ocorre é chamado de mundo do trabalho. De forma geral, é possível entendê-lo como o espaço onde os trabalhadores exercem suas atividades profissionais.

Nas Ciências Sociais, quando falamos de mundo do trabalho, estamos nos referindo às relações sociais estabelecidas entre os diferentes atores que compõem essa esfera da sociedade. Se considerarmos o fato de que são essas relações que garantem a produção de riqueza e definem, na maioria dos casos, o lugar que ocuparemos na sociedade, veremos a importância do mundo do trabalho para a compreensão da vida social (figura 10).

> **GLOSSÁRIO**
>
> **Produção material da vida:** conceito elaborado por Karl Marx, que procurou compreender a história das sociedades a partir do materialismo histórico, método que investiga as causas das transformações sociais a partir da produção de bens materiais. Considera-se que o trabalho é a atividade fundamental do ser humano e que o capital dá à força de trabalho um sentido dúbio: é um produto comum, pago pelo salário, mas é a única mercadoria que produz valor, e assim reproduz o capital.

Figura 10. Linha de produção de doce, em Extrema (MG, 2010). Na sociedade capitalista, a participação no mundo do trabalho define o lugar social dos indivíduos. Operários do setor alimentício, apesar de trabalharem em regime de cooperação, estão submetidos a regimes hierárquicos típicos da sociedade assalariada criada no modelo fordista de produção.

O mundo do trabalho ontem e hoje

O mundo do trabalho se transforma constantemente. Como já vimos, no século XX, principalmente após os anos 1950, se consolidou um modo de organização laboral que ficou conhecido como fordismo. O fordismo se caracteriza principalmente pela produção em massa, utilização de grande contingente de trabalhadores na indústria e execução de tarefas repetitivas e específicas. Assim, o mundo do trabalho nesse caso se caracteriza como um espaço no qual as relações possuem certo grau de previsibilidade.

Com as TICs, o mundo do trabalho se transformou. Isso levou a uma nova forma de organização da produção material da vida, denominada pós-fordismo. Esse novo modelo de gestão produtiva se caracteriza pela aplicação maciça das novas tecnologias na produção. Com isso, reduz-se a necessidade de trabalhadores, tornando as relações de trabalho mais flexíveis, o que também ameaça as importantes conquistas dos direitos trabalhistas (figura 11).

Figura 11. Fila de trabalhadores desempregados em Porto Alegre (RS, 2009). A insegurança em relação à possibilidade de manutenção do emprego é uma das características do mundo do trabalho atualmente.

Os infoproletários

Os infoproletários são os trabalhadores que surgiram nas últimas décadas, com a expansão das novas formas de organização do trabalho. Dois exemplos comuns são os trabalhadores da indústria de eletroeletrônicos e os profissionais de *telemarketing*. Os primeiros são responsáveis, por exemplo, pela produção dos equipamentos eletrônicos de alta tecnologia que usamos cotidianamente. Em sua maioria, são parte de um processo internacionalizado em que grandes empresas utilizam trabalhadores de diferentes países para a confecção e distribuição de seus produtos. É o que chamamos de cadeia global de produção (figura 12).

Os operadores de *telemarketing*, por sua vez, são profissionais responsáveis por atender clientes por meio de sistemas de telefonia ou computadores que atuam a partir de roteiros programados. São responsáveis pela oferta de produtos e serviços e por resolver problemas com clientes. Esses trabalhadores são designados pelas empresas para atender aos clientes insatisfeitos.

Figura 12. Operários montando produtos eletrônicos, em Bozhou (China, 2012). Os trabalhadores da indústria de *hardware* são representantes dos chamados infoproletários.

O ESTRANHO FAMILIAR
Eletrônicos em Shenzhen

"Durante minhas últimas férias, no final de 2011, viajei à China para atravessá-la desde Pequim, a capital ao norte, até Hong Kong e Shenzhen, no sul do país. No meio do roteiro, passei por Xangai e Guilin, esta última uma cidade do interior rural do país, local onde nem todas as casas possuem acesso à água encanada e a pobreza da população torna fácil entender por qual razão milhões de chineses deixam suas vilas, todos os meses, para tentar a vida em fábricas [de produtos eletrônicos].

[...]

Impostos baixos, menor burocracia para empreender, oferta de terra, câmbio desvalorizado, energia abundante, frouxas regras ambientais e infraestrutura logística impecável são os trunfos de uma SEZ. A todos estes fatores, soma-se um ingrediente poderoso, capaz de desequilibrar a balança da competição internacional a favor da China: um mercado de trabalho com mão de obra farta, barata e impedida de organizar-se livremente.

'Na China, os contratos de emprego permitem jornadas de até 60 horas semanais, o que equivale a trabalhar 10 horas por dia, de segunda a sábado, descontado o tempo gasto em pausas para refeições ou para ir ao banheiro', conta Jiahui Huang, diretora da organização China Labours Watch, grupo de defesa dos trabalhadores criado em Nova York, mas que possui representação em Shenzhen. Esse limite, no entanto, é frequentemente desrespeitado. Segundo Jiahui, são fartos os relatos de jornadas superiores a 70 horas semanais por salários mensais de 1100 yuans, ou menos de 400 reais, já inclusos todos os bônus por horas extras.

[...]

A análise [da China Labours Watch] estima em 180 dólares o custo total, para a Apple, de produção de um iPhone 4, descontados investimentos de pesquisa e projeto na Califórnia. Desse total, apenas 7 dólares é o valor adicionado pelas fábricas chinesas. Em artigo assinado por Marc Chevallier, analista da *Alternatives Économiques*, a consultoria afirma que se iPhones e iPads fossem montados na Europa e Estados Unidos seu custo explodiria e seria impraticável vender os *gadgets* por valores como 199 dólares ou 499 dólares, respectivamente. Preços mais elevados reduziriam a adoção em massa desses produtos, o que prejudicaria não só os lucros da divisão de *hardware* da Apple como também as receitas geradas pelo iTunes e pela AppStore, uma vez que a plataforma iOS seria sensivelmente menos popular."

ZMOGINSKY, F. *Trending Blog*, São Paulo, maio 2012.
Disponível em: <info.abril.com.br/noticias/blogs/trending-blog/apple/por-dentro-da-foxconn-em-shenzhen/>.
Acesso em: 13 mar. 2014.

Linha de produção de produtos eletrônicos em fábrica na cidade de Shenzhen (China, 2010).

GLOSSÁRIO

SEZ: na sigla em inglês, *Special Economic Zone*. Trata-se de uma zona geográfica projetada para exportar bens e proporcionar empregos. São áreas onde o governo facilita a entrada de empresas transnacionais fornecendo mão de obra barata, impostos baixos etc.

Atividades

a) Identifique no texto os principais interesses de grandes empresas em investir em SEZs chinesas, como a de Shenzhen.

b) Há outros países que oferecem condições semelhantes e que também são procurados por grandes empresas? Faça uma pesquisa na internet e indique quais são eles e quais empresas atuam em seu território.

c) Você tem algum aparelho eletrônico ou digital de uma marca europeia ou estadunidense que tenha sido produzido em outro continente? Qual? Onde ele foi fabricado?

Tecnologia do século XXI e condições de trabalho

Apesar dos discursos que defendem que a ampliação do uso das tecnologias da informação leva à melhora nas condições de trabalho, a situação dos infoproletários espelha uma contradição antiga. Eles são trabalhadores que produzem mercadorias de alta tecnologia ou fazem uso delas para exercer seu ofício, e mesmo assim trabalham sob condições similares àquelas encontradas no século XIX.

Horas excessivas de trabalho, controle absoluto de sua rotina, execução de tarefas repetitivas, desrespeito às convenções de trabalho vigentes e insegurança são da realidade dos infoproletários, que são a mão de obra fabril. Seu trabalho torna reais os projetos elaborados em empresas transnacionais, mas eles são explorados ao extremo para garantir o acúmulo de riquezas dos patrões e o acesso às mercadorias pela sociedade da informação (figuras 13 e 14).

Figuras 13 e 14. À esquerda, trabalhadores em fábrica de *smartphones* no estado do Texas (Estados Unidos, 2013). À direita, gravura *Industrial Weaving at Bagatelle* (França, 1884). Os infoproletários têm condições de trabalho similares às das fábricas do século XIX.

No Brasil, a expansão dos serviços de atendimento por telefone e do comércio eletrônico tem ampliado a parcela desses trabalhadores no contingente total. O emprego no setor é destinado principalmente aos jovens com pouca experiência ou pouca qualificação. Por causa disso e da dificuldade de conseguir emprego, essas pessoas se submetem às regras impostas pelas empresas. As normas muitas vezes envolvem uma carga horária excessiva, metas de venda altas, salários baixos e nenhuma garantia de continuidade no emprego.

O setor de *telemarketing* no Brasil é um dos setores em que a tecnologia tem sido utilizada como instrumento para a intensificação do trabalho. Predominantemente, as jornadas de trabalho são de seis horas por dia, o que caracteriza uma jornada não abusiva. Entretanto, o processo de intensificação do trabalho e as exigências de cumprimento de metas crescentes geram uma rotina de profundo desgaste entre os trabalhadores do setor.

Ao mesmo tempo, esses trabalhadores são fragmentados, enquanto categoria. A desagregação ocorre pela alta rotatividade, pela vigilância intensa, pelo impedimento das relações interpessoais — em muitas empresas, há baias separando os trabalhadores para que não conversem. Isso tem dificultado a organização desse grupo para lutar por mais direitos.

ATIVIDADES

REVISÃO E COMPREENSÃO

1. No decorrer da unidade, vimos conceitos que são primordiais para o entendimento do alcance das novas tecnologias digitais e os fenômenos causados por sua inserção no mundo do trabalho. A partir do reconhecimento dessa importância, explique os seguintes conceitos com suas palavras. Cite pelo menos um exemplo:

   a) Trabalho colaborativo:

   b) Infoproletários:

2. Partindo do contexto brasileiro referente ao mundo do trabalho atual, marque a única opção correta:

   a) O Brasil, diferentemente das potências europeias e dos Estados Unidos, ainda mantém um mercado de trabalho nos moldes da primeira metade do século XX, quando trabalhadores realizavam suas tarefas individualmente.

   b) Grande parte dos empregos no comércio eletrônico é voltada para pessoas experientes e com alto grau de instrução, uma vez que precisam dominar as novas tecnologias e diferentes idiomas para estabelecer contato com outras partes do mundo.

   c) Há uma tendência de crescimento dos trabalhos que utilizam tecnologias digitais no Brasil que acompanha a orientação já consolidada em outras realidades mundiais.

   d) O perfil do infoproletário brasileiro é de jovens, com qualificação acadêmica e grande experiência no mercado. Assim eles se tornam capazes de realizar múltiplas tarefas.

   e) A utilização das novas tecnologias no mundo do trabalho vem acompanhada de melhoria na qualidade do trabalho, como a redução da jornada de trabalho.

INTERPRETAÇÃO E PRÁTICA

3. Observe a figura a seguir e responda à questão colocada, assinalando a única alternativa verdadeira. Justifique as alternativas falsas.

   As tecnologias da informação e da comunicação (TICs) permitem diferentes formas de interação social. No ambiente profissional, essas tecnologias em rede constituem a base daquilo que as Ciências Sociais denominam:

   a) *Ciberbullying*.
   b) Exclusão Digital.
   c) Trabalho Colaborativo.

4. Leia o trecho abaixo, extraído de uma entrevista concedida pelo sociólogo Ricardo Antunes ao jornal *Estado de S. Paulo*. Após a leitura, responda à questão proposta.

   "[...] Infoproletariado ou ciberproletariado são termos que compreendem uma ampla gama de trabalhadores que floresceu nas últimas três décadas e meia a partir do aumento do uso da tecnologia da informação, da globalização e da degradação das condições de trabalho. Esse triplo processo originou um tipo de proletário contraditório. Ele é de ponta, moderno, porque usa tecnologia avançada, mas é atrasado, porque herdou condições de trabalho vigentes no início do século XX. Analisar esse fenômeno é ir além do invólucro místico de certa Sociologia segundo a qual a tecnologia traria para o trabalho o admirável mundo novo. Talvez fosse mais correto falar em abominável mundo novo.

   Mais completa tradução

   O operador de *telemarketing* é a expressão mais completa de infoproletário. Um trabalhador sob controle absoluto. Ele fica isolado em baias de modo que não converse com o colega do lado, tem tempo contado para ir ao banheiro, é punido se não cumpre metas e, como na indústria fordista, faz um trabalho prescrito e repetitivo levado ao limite. Um quadro de sofrimento e sujeição totalitária. Em franca expansão mundial, os *call centers* são, obviamente, importantes empregadores de jovens. Mas até eles percebem a tragédia em que se encontram. Em poucos meses não suportam o emprego, mas não podem sair, pois lá fora a opção é o desemprego. Sintomático que antes do início da jornada diária os teleoperadores se reúnam em um momento de concentração, com música agitada, palavras de ordem, etc. É o seu momento catártico para enfrentar a barbárie que virá."

CRUZ, C. C. Admirável mundo novo? *O Estado de S. Paulo*, São Paulo, 11 out. 2009. Disponível em: <www.estadao.com.br/noticias/suplementos,admiravel-mundo-novo,449155,0.htm>. Acesso em: 14 mar. 2014.

O trecho lido permite perceber que a aplicação intensiva de novas tecnologias ao processo de produção e prestação de serviços não fez cessar a exploração do trabalho, mas transformou-a:

a) Adaptando-a às necessidades do capitalismo contemporâneo.
b) Eliminando do cotidiano laboral o trabalho físico e o estresse mental.
c) Permitindo aos trabalhadores salários cada vez melhores.
d) Tornando-a cada vez menor.

5. A foto a seguir retrata uma empresa de *telemarketing* e comércio eletrônico: um cenário bastante comum entre muitos trabalhadores no século XXI. Reflita e responda: qual é a razão pela qual podemos afirmar que essa nova organização do trabalho não representa algo completamente "novo"? Explique.

6. Observe a imagem abaixo e responda à pergunta que segue:

Quais são os impactos da utilização de novas tecnologias no ambiente de trabalho sobre as relações entre patrão e empregado? Justifique sua resposta a partir da imagem observada.

EXPLORANDO O COTIDIANO

7. As novas tecnologias da informação estão influenciando muito o mundo do trabalho, seja na busca por oportunidades ou no trabalho colaborativo ou cooperativo. Os indivíduos utilizam cada vez mais a internet com o objetivo de facilitar sua vida profissional. As empresas veem no trabalho cooperativo *on-line* uma chance de aumentar sua produção. Entreviste um professor da sua escola e um familiar inserido no mundo do trabalho e descubra como eles utilizam a internet na vida profissional. Algumas sugestões de perguntas:

   1 – Você utiliza a internet para o trabalho? Como?
   2 – Qual é o objetivo da utilização da internet no seu trabalho? (Se o entrevistado responder "não" à primeira pergunta, questione se ele acha que a utilização da internet traria algum benefício às suas atividades.)
   3 – Você acha que o trabalho em rede (conectado) é fundamental na sociedade contemporânea? Por quê?

O QUE PENSAMOS SOBRE

8. A Wikipédia é um exemplo de trabalho colaborativo realizado por milhares de pessoas. Antes, esse tipo de ofício era restrito a pequenos grupos de especialistas contratados por editoras responsáveis pela elaboração de enciclopédias. Veja algumas críticas a essa iniciativa e discuta com seus colegas, em pequenos grupos, os aspectos positivos e negativos da enciclopédia livre. Debatam com a turma após as discussões.

   - **Edições indesejáveis**. Não se sabe se em um verbete foi inserido algum trecho falso ou se alguma informação importante foi removida.
   - **Qualidade da escrita**. Como a edição é aberta, um mesmo artigo pode trazer conteúdos com alta e baixa qualidade.
   - **Confiabilidade**. Como ninguém é responsável pelos verbetes publicados, não há nenhuma garantia de qualidade em seu conteúdo.
   - **Plágio**. Artigos podem ser inseridos a partir de fontes que não são citadas.
   - **Conteúdo impróprio**. Verbetes podem trazer imagens ou informações impróprias para menores sem que haja nenhum tipo de aviso ou filtro em relação a esse conteúdo.
   - **Privacidade**. Qualquer um pode ser transformado em uma pessoa pública e a Wikipédia não tem responsabilidade de autoria sobre os artigos criados.

VISÕES DE MUNDO

As transformações no mundo do trabalho, em especial a aplicação de tecnologias nos processos fabris, não significam melhoria nas condições de trabalho na maioria dos setores. Em vez disso, o que se observa são condições de trabalho semelhantes àquelas vividas no século XIX. Os infoproletários são uma categoria de trabalhadores que sofrem com essa contradição.

Ministério Público do Trabalho (MPT) pede indenização por más condições de trabalho

"Para preparar uma caixa de telefone celular com carregador de bateria, fone de ouvido e dois manuais de instrução, o empregado da fábrica [...] localizada na Zona Franca de Manaus dispõe de apenas seis segundos. Finalizada essa etapa, a embalagem é repassada ao funcionário seguinte da linha de montagem, que tem a missão de escanear o pacote em dois pontos diferentes e, em seguida, colar uma etiqueta. Em um único dia, a tarefa chega a ser repetida até 6.800 vezes pelo mesmo trabalhador.

Na fábrica erguida no coração da maior floresta tropical do planeta pela multinacional de origem sul-coreana — que em 2012 registrou lucro líquido recorde de US$ 22,3 bilhões — uma televisão é colocada em uma caixa de papelão a cada 4,8 segundos. A montagem de um *smartphone*, feita por dezenas de trabalhadores dispostos ao longo da linha de produção, leva 85 segundos. Já um ar-condicionado *split* fica pronto em menos de dois minutos.

[...] O MPT flagrou diversos empregados que trabalham até dez horas em pé, assim como um funcionário cuja jornada extrapolou 15 horas em um dia e um empregado que acumulou 27 dias de serviço sem folga.

Por conta dos riscos à saúde de seus empregados impostos pelo ritmo intenso e pela atividade repetitiva da linha de montagem, eles cobram uma indenização por danos morais coletivos de, no mínimo, R$ 250 milhões da companhia [...].

Sem pausas

Não é possível, no entanto, calcular o número preciso de pessoas que fazem jornadas exaustivas e horas extras abusivas. 'A empresa foi notificada a apresentar a documentação referente à jornada, mas se recusou a mostrá-la', afirma Ilan Fonseca, um dos procuradores do MPT que assinam a ação. Nela, os procuradores pedem que a empresa conceda pausas aos empregados.

'Essa Ação Civil Pública é importante porque o valor postulado possui um efeito pedagógico', afirma Luiz Antônio Camargo de Melo, Procurador Geral do Trabalho, que também assina a ação. 'A sujeição de trabalhadores a jornadas de 15 horas é algo inadmissível [...]', completa o representante máximo do MPT.

[...]

Doenças em série

Se o sistema de trabalho nos setores de montagem de celulares e de TVs não for alterado, o MPT projeta que cerca de 20% dos empregados vão desenvolver algum tipo de Dort [distúrbios osteomusculares relacionados ao trabalho] nos próximos cinco anos.

A ação movida pelos procuradores tem como base os autos de infração registrados por auditores do Ministério do Trabalho e Emprego (MTE) após duas fiscalizações feitas na fábrica de Manaus — uma em maio de 2011 e outra em maio deste ano. Por meio de análises técnicas, eles constataram que os empregados da companhia sul-coreana chegam a realizar três vezes mais movimentos por minuto do que o limite considerado seguro por estudos ergonômicos."

BARROS, C. J. *Repórter Brasil*. São Paulo, 12 ago. 2013. Disponível em: <reporterbrasil.org.br/2013/08/samsung-e-processada-em-r-250-milhoes-por-superexploracao>. Acesso em: 14 mar. 2014.

Atividades

OBTER INFORMAÇÕES

1. Qual foi a denúncia feita pelo Ministério Público contra a empresa?
2. Quais aparelhos eletrônicos mencionados no texto são montados na fábrica?

INTERPRETAR

3. Por que o MPT considera que as condições de trabalho são inadequadas na fábrica?
4. De acordo com a reportagem, qual tem sido a consequência mais visível das violações para os trabalhadores?

REFLETIR

5. O que podemos concluir sobre as condições de trabalho dos infoproletários com base na situação vivida na fábrica?

DIREITO É DIREITO

A Consolidação das Leis do Trabalho

De acordo com a Consolidação das Leis do Trabalho (CLT), a duração máxima da jornada de trabalho deve ser de oito horas diárias. Entretanto, nos últimos anos, apesar da aplicação de tecnologia que acelera a execução das atividades profissionais, o que temos observado é uma ampliação da jornada de trabalho em muitas categorias, à revelia das convenções coletivas.

Observemos o seguinte exemplo: há décadas, a secretária de uma empresa de grande porte que precisasse convocar uma reunião com todos os diretores gastaria algum tempo para fazê-lo. Isso porque ela precisaria contatar, por telefone, cada um dos diretores ou redigir memorandos e providenciar a entrega pessoal em cada setor. Com as TICs, essa mesma tarefa pode ser realizada em menos de um minuto por meio de correio eletrônico. No entanto, isso não implica uma redução da jornada de trabalho da secretária, mas uma agregação de novas tarefas às suas atividades profissionais.

Em um contexto em que os trabalhadores sofrem pressão de diferentes lados (de seus patrões, da insegurança quanto ao emprego etc.), a legislação sobre a jornada de trabalho é violada constantemente, em especial nos setores em que a representação sindical é incipiente.

A CLT, indiretamente, fornece os mecanismos para que isso ocorra. Em seu art. 61 estabelece:

"Ocorrendo necessidade imperiosa, poderá a duração do trabalho exceder do limite legal ou convencionado, seja para fazer face a motivo de força maior, seja para atender à realização ou conclusão de serviços inadiáveis ou cuja inexecução possa acarretar prejuízo manifesto".

Com base nisso, inúmeras empresas, principalmente em regiões com pouca tradição sindical, têm implementado horas acima do permitido. É comum nas grandes cidades, em períodos de maior movimento do comércio, observarmos trabalhadores em jornadas excessivas para dar conta da demanda.

Isso significa que a jornada de trabalho, apesar de estabelecida em lei e, portanto, um direito do trabalhador, depende de inúmeros fatores para que se torne uma prática efetiva em nosso país.

Reflexão

Você acha que os abusos cometidos pelas empresas de hoje podem ser considerados práticas que incentivam o trabalho análogo à condição de escravo?

O trabalho é medido em tempo. Por isso o tempo é tão importante para os direitos do trabalhador.

INDICAÇÕES

Para ver

▶ **Bom dia, meu nome é Sheila**

Direção: Angelo Defanti. Brasil, 2009.

Curta-metragem de ficção que apresenta a realidade dos profissionais de *telemarketing* no Brasil, área com forte crescimento nos últimos anos.

Disponível em: <portacurtas.org.br/filme/?name=bom_dia_meu_nome_e_sheila>.

▶ **A história dos eletrônicos**

Direção: How Stuff Works Project. Estados Unidos, 2010.

A animação recria de maneira didática as etapas de construção de um aparelho eletrônico.

Disponível em: <www.youtube.com/watch?v=BZzxU46DBd8>.

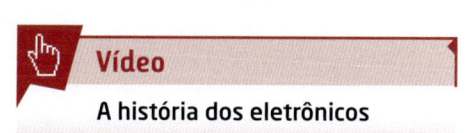

Vídeo
A história dos eletrônicos

▶ **Os estagiários**

Direção: Shawn Levy. Estados Unidos, 2013.

A comédia conta a história de dois homens que são demitidos da empresa onde trabalhavam e, apesar de não terem domínio das novas tecnologias da informação, se aventuram como estagiários na grande empresa .com, Google.

Para ler

▶ **O colapso dos bibelôs**

Índigo. São Paulo: Moderna, 2008.

O livro paradidático narra a história de Danilo, que perde sua conexão de internet repentinamente, durante uma conversa por *chat* com a jovem pela qual é apaixonado.

▶ **Emergência: a vida integrada de formigas, cérebros, cidades e softwares**

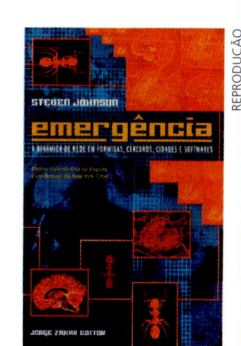

Steve Johnson. Rio de Janeiro: Zahar, 2003.

O livro parte da perspectiva científica para mostrar como é possível construir organizações de alto nível sem uma estratégia ou autoridade centralizada, e como isso tem sido aplicado aos *softwares*, aos *videogames*, às artes e à música.

Para navegar

▶ **Wikipédia**

<pt.wikipedia.org>

Exemplo de enciclopédia digital escrita com trabalho colaborativo, baseada em contribuições de usuários da internet ao redor do mundo. Disponível em grande quantidade de idiomas, a Wikipédia possui um sistema de indicação de denúncias por falta de referências e outros instrumentos que possibilitam que os usuários controlem a qualidade dos verbetes, escritos de maneira colaborativa.

▶ **Projeto Gutenberg**

<www.gutenberg.org/wiki/PT_Principal>

Iniciado em 1971 nos Estados Unidos, o Projeto Gutenberg tem como objetivo permitir meios de digitalização, arquivamento e circulação colaborativa de livros e textos completos que já estão em domínio público. Atingindo as mais variadas áreas de interesse, a plataforma já alcançava em meados de 2014 um acervo de 45 mil livros, sendo 500 obras em língua portuguesa. Trata-se da maior biblioteca de livros digitais e gratuitos do mundo.

UNIDADE 6
SOCIEDADE INFORMACIONAL

A velocidade de acesso às informações é surpreendente nos dias de hoje. Se neste momento ocorresse um desastre natural na Ásia, em poucos minutos teríamos acesso a informações e imagens ao vivo por meio das redes de televisão, rádios e redes sociais. Há não muito tempo, essas informações eram divulgadas por meio de fontes restritas. Atualmente, elas podem ser veiculadas por pessoas comuns e/ou meios de comunicação. O caso das manifestações populares de junho e julho de 2013 no Brasil é um bom exemplo disso. As interlocuções de mídias alternativas realizadas por meio de *smartphones* e transmitidas ao vivo via internet tiveram altos índices de audiência e foram capazes de mostrar diversos fatos omitidos pelos canais tradicionais de comunicação, causando grande impacto social.

Começando a unidade

Compare os veículos de comunicação tradicionais (jornais, rádio, televisão etc.) com as mídias digitais (redes sociais, *blogs* etc.). As diferenças entre eles estão relacionadas apenas à velocidade para criar e transmitir informações? Que outras implicações estão presentes?

Objetivos da unidade

Ao final desta unidade, você poderá:
- Compreender as principais características dos meios de comunicação do Brasil.
- Reconhecer o potencial que as novas tecnologias da informação e comunicação (TICs) têm para contornar a concentração dos meios de comunicação.

As TICs podem se tornar uma fonte de informações alternativa à grande mídia. Na foto, uma mulher registra o comportamento da polícia com seu *tablet* (Estados Unidos, 2011).

CAPÍTULO 11
Mídia e controle da informação

Os dispositivos comunicacionais

A tecnologia não é um elemento separado da ordem social e dos interesses políticos e econômicos. Por trás de qualquer produto tecnológico há pessoas e grupos que criam, desenvolvem, utilizam e comercializam essa tecnologia de acordo com seus interesses. Quando pensamos no uso de tecnologias de grande impacto social (telecomunicações, microeletrônica, energia nuclear etc.) percebemos que, por trás delas, há diferentes interesses em disputa. Isso significa que a tecnologia em si não é boa ou ruim: ela é sempre capaz de abrir (ou fechar) novas possibilidades e seus efeitos sociais correspondem ao uso que é feito delas.

Isso se aplica aos dispositivos comunicacionais, ou seja, às tecnologias e atores sociais que permitem a comunicação entre pessoas e grupos. Dentro das Ciências Sociais distinguimos dois grandes grupos de dispositivos comunicacionais, denominados em razão da relação entre emissor e receptor: os aparatos **um-um** e os **um-todos**.

O correio e o telefone são dispositivos um-um, porque permitem a comunicação entre um produtor da informação, aquele que escreve a carta ou telefona, e um receptor da informação, o destinatário da carta ou receptor da ligação (figura 1).

A televisão e o rádio são dispositivos um-todos, porque permitem que um centro emissor (a emissora de televisão ou rádio) transmita informações para muitos receptores ao mesmo tempo. Hoje, essas tecnologias são muito comuns. Entretanto, quando os jornais e as emissoras de rádio e as de televisão tornaram-se frequentes nas casas das pessoas, iniciou-se uma grande revolução sociocultural (figura 2).

Figura 1. Jovem falando ao celular ao lado de telefone público, em São Paulo (SP, 2014). O telefone é um exemplo de dispositivo um-um, pois permite contatos ponto a ponto entre um emissor e um receptor.

Figura 2. Família assiste a programa de televisão (Estados Unidos, c. 1950). Com a popularização da televisão e do rádio, sentar-se ao redor desses aparelhos tornou-se corriqueiro em lares de todo o mundo. A generalização foi marcada por uma aparente democratização de conteúdos que, supostamente, procuram veicular todas as formas de representação social.

O oligopólio da informação no Brasil

O termo oligopólio refere-se ao controle sobre determinado mercado, exercido por um pequeno grupo. Daremos especial atenção ao cenário brasileiro, onde a questão do oligopólio da mídia é extremamente relevante.

O Brasil não é o único país no qual pouquíssimas empresas controlam o mercado da informação. Entretanto, a concentração do poder sobre os meios de comunicação é bastante evidente aqui. Um grupo de profissionais se propôs a analisar dados sobre jornais, rádios e emissoras de televisão a fim de descobrir quem são os donos das empresas de comunicação e qual é o alcance delas no território nacional. Esse projeto é chamado de Donos da Mídia.

Ao ler os resultados da pesquisa, o primeiro dado que chama a atenção é o nível de concentração no setor. Grande número de veículos de comunicação (emissoras de rádio e televisão, revistas e jornais impressos etc.) é controlado por poucas empresas, todas privadas. Dos 1.511 veículos ligados às 34 redes de televisão do Brasil, 843 pertencem a apenas quatro empresas (figura 3).

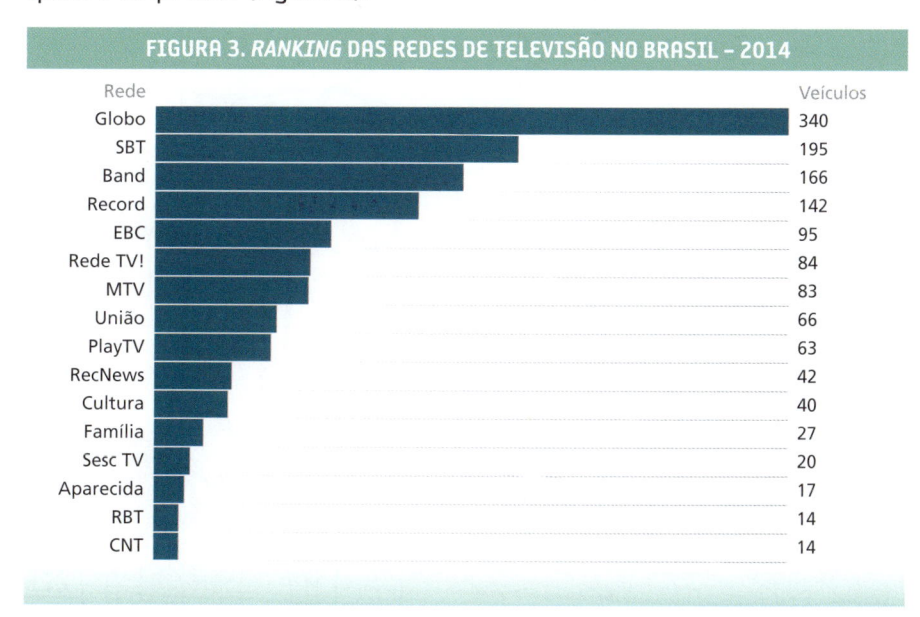

👆 **Audiovisual**

Concentração da propriedade dos meios de comunicação

FIGURA 3. *RANKING* DAS REDES DE TELEVISÃO NO BRASIL – 2014

Rede	Veículos
Globo	340
SBT	195
Band	166
Record	142
EBC	95
Rede TV!	84
MTV	83
União	66
PlayTV	63
RecNews	42
Cultura	40
Família	27
Sesc TV	20
Aparecida	17
RBT	14
CNT	14

Fonte: Projeto Donos da Mídia. *Ranking* das redes de TV. Disponível em: <donosdamidia.com.br/redes/TV>. Acesso em: 18 mar. 2014.

Controle familiar

Dados de 2011 indicam que empresas de propriedade familiar estão diretamente ligadas ao controle dos principais meios de comunicação. Na televisão, três grupos familiares se destacam por controlar, juntos, 68,3% de todos os veículos de comunicação tradicionais do Brasil. A família de Roberto Marinho, da Rede Globo, concentra 38,7% do mercado; a de Edir Macedo, da Rede Record, 16,2%; e a de Silvio Santos, do SBT, 13,4%.

Das 10.831 rádios analisadas pelo projeto, 7.720 pertencem à Rede Globo, ao SBT, à Rede Bandeirantes, à Rede Record e à Rede TV. Veja na tabela o número de veículos de comunicação que as maiores empresas nacionais possuem.

VEÍCULOS DOS CINCO MAIORES CONGLOMERADOS DE MÍDIA DO BRASIL				
Conglomerado	Redes de televisão aberta	Rádios	Jornais	Revistas
Globo	105	141	33	27
SBT	58	112	12	—
Band	39	101	11	—
Record	46	87	9	—

Fonte: Projeto Donos da Mídia. *Veículos das cinco maiores redes de TV e de seus grupos afiliados.* Disponível em: <http://donosdamidia.com.br/inicial>. Acesso em: 7 maio 2014.

Os dados sobre a concentração de veículos evidenciam a centralização do mercado de comunicação no Brasil.

Grupos familiares também controlam os principais jornais brasileiros. As famílias Mesquita (do jornal *Estadão*) e Frias (da *Folha de S.Paulo*) estão entre os donos dos cinco maiores jornais do país. A família Sirotsky, proprietária do grupo RBS TV (Rede Brasil Sul de Televisão), rede afiliada da Rede Globo no Rio Grande do Sul e Santa Catarina, controla o jornal Zero Hora e outros veículos impressos regionais (figura 4).

GLOSSÁRIO

Rede afiliada: estação de rádio ou de televisão subordinada a outra grande emissora ou estação análoga.

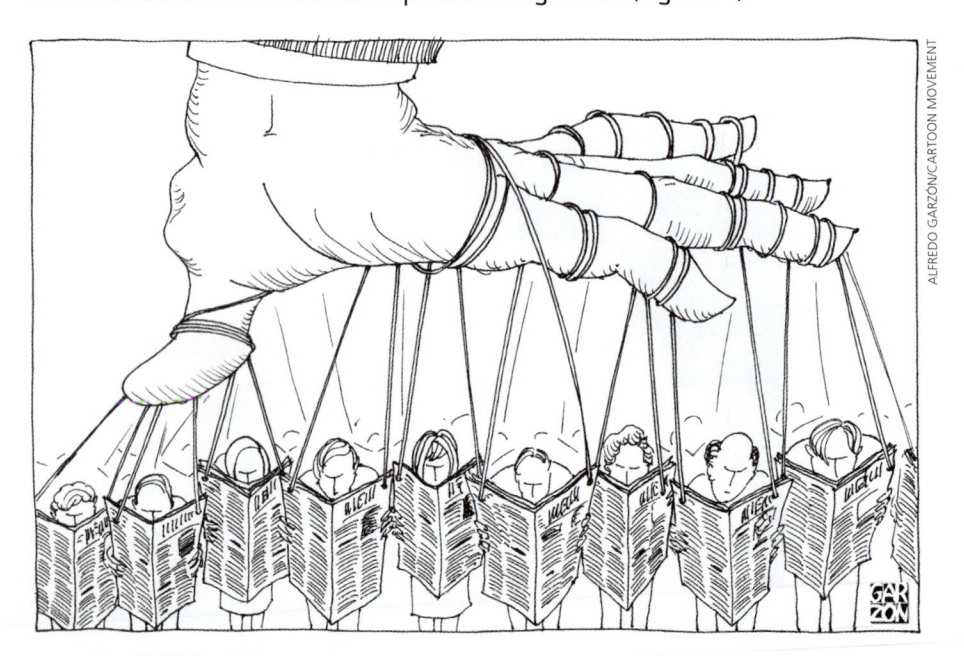

Figura 4. Uma das principais consequências da concentração dos veículos de comunicação entre poucas empresas é o acesso restrito a interpretações dos fatos.

Controle político

A partir de dados coletados até 2007, o portal Donos da Mídia também verificou que 271 parlamentares eram diretores ou sócios de 324 veículos de comunicação. Aproximadamente 54% desses políticos eram prefeitos, 20% deputados estaduais, 17% deputados federais e os demais eram senadores ou governadores. Essa predominância de políticos entre donos e diretores de veículos de comunicação permite que se questione a relação entre o poder político e os meios de comunicação.

Um dos mais importantes sentidos do acesso à informação é que a população tome conhecimento das decisões e ações dos representantes que elege. O controle dos veículos de comunicação por grupos que estão ligados a parlamentares responsáveis pela administração dos recursos públicos pode significar diminuição de fiscalização para a sociedade civil (figura 5).

Controle do acesso à internet

A concentração dos meios de comunicação no Brasil é uma realidade que, para além dos veículos tradicionais, também alcança as TICs. Pesquisa realizada em 2011 pelo Centro de Estudos sobre as Tecnologias da Informação e da Comunicação (Cetic) revelou a existência de 1.934 Provedores de Serviços de Internet (PSI) no Brasil. Esses provedores eram responsáveis por 17 milhões de conexões fixas em domicílios e empresas. Trata-se de um mercado altamente concentrado no qual 80% das conexões fixas eram oferecidas por apenas 6 grandes provedores. Outros 1.928 PSI dividiam os 20% restantes.

A pesquisa revelou que a velocidade de acesso era também bastante concentrada: 40% dos PSI ofereciam velocidades de até 01Mbps (megabits por segundo), e somente 15% ofertavam velocidades superiores a 2Mbps.

Essa concentração também ocorria em nível geoeconômico: 43% dos provedores de internet estavam na Região Sudeste, contra 11% e 6% que operavam nas regiões Centro-Oeste e Norte, respectivamente. Esses dados mostram relação direta entre renda *per capita* e acesso à internet: quanto maior a renda, maior e melhor o acesso.

Figura 5. A concentração do mercado de comunicação brasileiro é pauta de inúmeros debates acadêmicos e políticos. Muitos veem a internet como uma forma de contornar esse cenário.

CAPÍTULO 12
Comunicação independente e fontes alternativas de informação

A internet como alternativa à grande mídia

O surgimento das mídias tradicionais, como a imprensa, o rádio e a televisão, mudou a forma como as sociedades obtinham e difundiam informações até então. Hoje, uma nova revolução nos dispositivos comunicacionais atinge a humanidade com a popularização da internet. O ciberespaço possibilitou um novo artefato comunicacional, o dispositivo **todos-todos**.

Pela primeira vez na história, é possível que milhares de pessoas produzam informações simultaneamente, e que as transmissões alcancem praticamente todo o mundo. Os receptores, por sua vez, podem interagir, comentar, editar e compartilhar esses dados, criando um fluxo em constante circulação. Assim, o receptor deixa de ser um ator passivo e isolado, como quando assiste à televisão, e passa a ser **coparticipante**, colaborador, parte desse processo criativo.

O avanço das TICs permitiu também a reinvenção de antigos veículos de comunicação. Alguns exemplos disso são as rádios comunitárias e as redes independentes de televisão. Isso possibilitou a conexão progressiva de cada vez mais grupos sociais com interesses comuns. Esse novo processo de interação social permitiu, entre outros fenômenos, o surgimento das redes de ativismo social.

As novas possibilidades de comunicação proporcionadas pela internet são uma poderosa alternativa às mídias tradicionais, nas quais um grupo restrito decide quais informações divulgar e a forma de difundi-las.

Os dispositivos todos-todos, por sua vez, permitem que indivíduos ou grupos sociais busquem as informações que lhes interessem, pesquisem sua veracidade e divulguem suas próprias posições. Portanto, no ciberespaço há uma multiplicação de centros difusores de informação motivados pelos mais variados objetivos que não apenas interesses comerciais, o que possibilita maior democratização da informação.

Apesar desses avanços, a concentração da propriedade dos meios de comunicação de massa ainda existe e as mídias alternativas permanecem, em grande parte, marginalizadas. A visão de mundo dos grupos sociais oprimidos ainda é praticamente invisível ao grande público. Nesse sentido, movimentos sociais vêm se organizando e reivindicando transformações sociais e mudanças na legislação que regula a comunicação, a fim de ampliar o direito à informação.

O ESTRANHO FAMILIAR
O poder da mídia

"Obrigado aos meios de comunicação". Essa foi a expressão usada pelos oposicionistas ao governo de Hugo Chávez, em abril de 2002, após a deposição do presidente venezuelano que consideravam um perigo à democracia de seu país.

Canais privados de televisão convocaram a população para ir às ruas e mostrar sua insatisfação com o governo. Manifestações de apoio a Chávez que ocorreram em resposta foram interrompidas por tiros. Algumas pessoas foram mortas, outras foram feridas.

As imagens veiculadas repetidamente pelas grandes emissoras de televisão mostravam alguns manifestantes favoráveis a Chávez atirando do alto de uma ponte "contra a multidão pacífica de manifestantes (contra o governo)".

Em seguida, transmitiu-se uma declaração de militares que deixavam de apoiar o presidente e exigiam sua renúncia, responsabilizando-o pelas mortes. No dia seguinte, os meios de comunicação anunciaram a renúncia de Chávez e a posse de um novo presidente foi transmitida. A manchete de um dos maiores jornais impressos comemorava: "Um passo na direção correta".

Mas essa era apenas uma versão dos fatos, incompleta e distorcida. Os veículos de informação na Venezuela se concentram nas mãos de poucos grupos empresariais, cujos interesses econômicos e políticos eram diferentes do então governo venezuelano. O controle sobre a informação foi o elemento crucial para a tentativa de golpe.

Mais tarde, comprovou-se que a avenida que passa por baixo da ponte de onde estariam atirando os manifestantes pró-Chávez estava vazia no momento dos tiros: ela nem sequer havia sido trajeto dos manifestantes oposicionistas. As imagens foram manipuladas para acusar os "chavistas", mas eles mesmos eram o alvo dos tiros.

Após a prisão de Hugo Chávez, o único canal estatal de televisão foi fechado e a ordem nos canais privados era não mostrar nenhuma manifestação de apoio ao governo, ignorando a multidão que se reuniu na capital exigindo a volta do presidente eleito democraticamente. Mesmo depois da retomada do controle do Palácio do Governo por militares favoráveis a Chávez, nada foi dito na televisão. Apenas pelos canais internacionais e por *sites* de jornais estrangeiros era possível informar-se sobre o fato de Chávez nunca ter assinado a suposta renúncia, e que a tentativa de golpe fracassara.

Manchetes dos principais jornais privados da Venezuela comemoram o golpe de Estado em 2002.

Atividades

1. Analisando o caso da Venezuela, descreva os riscos à democracia causados pelo controle restrito da informação.

2. Você acredita que a tentativa de golpe ocorrida na Venezuela poderia ter sido diferente caso o uso das redes sociais já fosse amplamente difundido em 2002? Justifique.

As TICs como instrumento de mobilização

As novas mídias e tecnologias ajudam na organização de mobilizações públicas ao colocar em contato cidadãos e movimentos ativistas de várias partes do mundo. A troca de informações e a divulgação de novos mecanismos de ação permitem a todos conhecer e identificar-se com diferentes formas de mobilização, eventos e ações de resistência.

A partir da metade dos anos 1990, o movimento antiglobalização ficou conhecido por meio de ações de crítica e resistência às injustiças e ao aprofundamento das desigualdades sociais acarretadas pelo neoliberalismo. De maneira geral, o movimento luta pelo fim dos acordos comerciais, do livre trânsito do capital e da formação de blocos comerciais, como o Acordo de Livre Comércio da América do Norte (Nafta). A articulação internacional de movimentos sociais criou redes globais, como a Ação Global dos Povos (AGP). Essa rede ficou conhecida por organizar manifestações que procuravam denunciar publicamente os efeitos sociais das políticas econômicas negociadas em encontros internacionais de líderes dos países mais ricos.

A AGP não é uma organização formal, mas uma rede de comunicação e coordenação de lutas populares, construída em torno de princípios comuns. Utilizando-se das TICs e das redes sociais, a AGP promove uma série de mobilizações em escala mundial, chamados de Dias de Ação Global. Dentre essas mobilizações, destacam-se as manifestações realizadas em junho de 1999, quando mais de 50 cidades se organizaram em ações contra a reunião do G7 (grupo que reúne os sete países mais industrializados e com economias mais avançadas do mundo) na Alemanha; e as realizadas em setembro de 2000, contra o encontro do Fundo Monetário Internacional (FMI) e do Banco Mundial em Praga (figura 6).

A partir desse momento, passaram a acontecer mobilizações em diferentes lugares do mundo. Seu principal objetivo consiste em propagar as críticas aos efeitos nocivos do capitalismo globalizado para as relações humanas e o meio ambiente. Entre os exemplos brasileiros dessas ações estão o "Dia Sem Compras", realizado em Belo Horizonte, em 2000, e as diversas "bicicletadas" que reúnem "cicloativistas" em passeios pelas cidades, divulgando suas reivindicações.

> **GLOSSÁRIO**
>
> **Neoliberalismo:** doutrina política desenvolvida a partir da década de 1970 que defende a liberdade de mercado e restrição à intervenção estatal sobre a economia.

Figura 6. Manifestantes em Praga (República Tcheca, 2000). Mais de 100 cidades participaram da manifestação contra o encontro do FMI e do Banco Mundial.

As mídias e as manifestações de 2013 no Brasil

Em 2013, manifestações levaram multidões às ruas em diversas cidades do Brasil. O estopim foi o aumento da tarifa dos transportes públicos e os altos investimentos para a realização da Copa do Mundo de 2014. Os levantes deram nova força aos movimentos sociais urbanos, fazendo com que diversas reivindicações históricas e urgentes ganhassem as ruas, como as referentes à mobilidade urbana, ao direito à cidade, à violência do Estado e à atuação da mídia.

Os meios de comunicação tiveram um papel decisivo nos protestos. Emissoras de rádio e televisão interpretaram as reivindicações afirmando que se referiam à incompetência ou à corrupção no Governo Federal. Manifestantes foram estigmatizados como "vândalos" e "baderneiros". Enquanto isso, a imprensa alternativa fez uma cobertura dos acontecimentos nas ruas, transmitindo-os ao vivo nas redes sociais. Assim, esse tipo de mídia assegurou a diversificação de informação e de interpretações sobre os acontecimentos.

Com isso, a discussão sobre a democratização da comunicação ganhou espaço na agenda pública. Diferentes pontos de vista podem ser debatidos publicamente deixando às pessoas a possibilidade de construírem uma opinião a partir de diferentes perspectivas de uma mesma notícia.

Naquele momento ficou clara a divergência entre a interpretação das manifestações feita pela mídia tradicional e pela mídia independente. Dessa forma, a manipulação das informações por emissoras de televisão, jornais e revistas foi lembrada nos atos. A reivindicação pela democratização dos meios de comunicação e pelo direito à comunicação livre tornou-se mais uma palavra de ordem nas ruas (figura 7).

Figura 7. Manifestação popular no Rio de Janeiro (RJ, 2013). Redes sociais são utilizadas como ferramentas para a mobilização dos manifestantes e, ao mesmo tempo, viram pauta das reivindicações.

ATIVIDADES

REVISÃO E COMPREENSÃO

1. Nos debates das Ciências Sociais sobre as Tecnologias de Informação e Comunicação (TICs) há uma distinção entre três dispositivos de comunicação: um-um, um-todos e todos-todos. A partir desse debate, relacione as colunas.

   (1) Um-um
   (2) Um-todos
   (3) Todos-todos

   ( ) rádio
   ( ) televisão
   ( ) cartas
   ( ) telefone
   ( ) internet

2. Por que é possível afirmar que, no Brasil, há oligopólios que controlam a mídia?

3. De acordo com a tabela "*Ranking* das redes de televisão no Brasil — 2014", do capítulo 11, e com as discussões apresentadas nesta unidade, podemos concluir que:

   a) as principais emissoras de televisão aberta, por não receberem apoio governamental, perdem espaço para mídias alternativas.
   b) existe grande concentração das redes de televisão nas mãos de um pequeno grupo.
   c) há, no Brasil, um forte incentivo à competição equilibrada entre as diferentes redes de televisão.
   d) torna-se impossível afirmar a existência de supremacia de uma rede em detrimento das demais.
   e) a vinculação de políticos com veículos de comunicação não interfere na concentração de poderes.

4. Apresente um argumento que explique a possibilidade de o dispositivo comunicacional todos-todos romper com o domínio da grande mídia.

5. No que diz respeito ao uso de tecnologias, afirma-se que por trás delas há sempre uma estratégia de poder. Isso se aplica de maneira direta aos dispositivos comunicacionais, ou seja, às tecnologias e atores sociais que permitem a comunicação entre pessoas e grupos. Dentro das Ciências Sociais é possível distinguir três grandes dispositivos comunicacionais: um-um, um-todos e todos-todos. Com relação ao dispositivo todos-todos é correto afirmar que:

   a) tem o telefone como sua principal ferramenta.
   b) nessa relação o ator é passivo.
   c) não é uma alternativa às mídias de massa tradicionais.
   d) tem funcionado como instrumento de mobilização.
   e) dificulta a criação de redes de ativismo.

INTERPRETAÇÃO E PRÁTICA

6. A charge a seguir mostra um homem com um cabresto sendo guiado por uma televisão. A partir da imagem e da reflexão sobre o tema da unidade, relacione a proposta do projeto Donos da Mídia com a questão do oligopólio da informação no Brasil.

7. Qual é a importância de redes sociais, *blogs* e outros *sites* diante do oligopólio da informação da grande mídia no Brasil?

8. Leia o texto e responda às questões propostas.

   ### Sobre o Quarto e o Quinto poderes

   "O problema da influência da mídia sobre a opinião pública será tanto mais sério quanto mais oligopolista for a estrutura dos veículos de comunicação de massa. A globalização tem acentuado fortemente a concentração da mídia em grandes organizações corporativas, poderosas empresas capitalistas.

   [...] No Brasil, a mídia possui uma estrutura oligopolista, contrariando a própria Constituição de 1988, em vigor.

   [...] A informação se tornou mercadoria e propriedade de poderosíssimas organizações corporativas que operam dentro da lógica da lucratividade.

   [...] A ideia de Quarto Poder vem à tona como a de um poder fiscalizador dos outros três poderes e, ao mesmo tempo, como um poder que influencia os demais poderes, de modo a veicular aspirações da sociedade civil. O Quarto Poder surge como uma instância de debates dos setores articulados da cidadania, de expressão de sua opinião. Nesse sentido, tinha uma clara dimensão política. Segundo o sociólogo português Nelson Traquina, o termo Quarto Poder foi criado pelo inglês Lord Macaulay, em 1828. A imprensa desempenharia um papel dual. Em primeiro lugar, seria uma guardiã dos cidadãos, 'protegendo-os do abuso de poder por governantes que até então tinham mostrado apenas a face da tirania'. Ao mesmo tempo, a imprensa deveria ser 'um veículo de informação para equipar os cidadãos com ferramentas vitais ao exercício dos seus direitos, e uma voz dos cidadãos na expressão das suas preocupações, da sua ira, e, se for preciso, da sua revolta'."

IANONI, Marcus. Sobre o Quarto e o Quinto Poderes. *Communicare*: revista de pesquisa, v. 3, nº 2 (2003). São Paulo: Faculdade de Comunicação Social Cásper Líbero. Disponível em: <http://administrativocasper.fcl.com.br/rep_arquivos/2012/04/16/1334617174.pdf>. Acesso em: 21 mar. 2014.

a) Como você definiria o Quarto Poder?
b) Em sua opinião, o papel desempenhado pela mídia brasileira na atualidade tem demonstrado estar próximo da ideia de Quarto Poder? Justifique.
c) Qual o papel das mídias alternativas (novas tecnologias de informação e comunicação –TIC's) na constituição do Quinto Poder?

EXPLORANDO O COTIDIANO

9. A internet tem propiciado a ampliação da comunicação entre os indivíduos. As novas tecnologias quebraram o controle da informação pelos grandes oligopólios da comunicação. Nas redes sociais e nos *blogs*, é possível abrir e ampliar os debates e discussões sobre os mais diversos temas sociais, políticos e culturais. Vivemos a sociedade da informação e da disseminação das opiniões. O compartilhamento de conhecimentos se tornou uma prática frequente na vida em sociedade.

Forme um grupo com mais quatro colegas. Elaborem um questionário para descobrir como os indivíduos se utilizam da internet para compartilhar informação e conhecimento. Apresentem o trabalho para a turma e comparem os resultados. Reflitam em conjunto sobre a importância das TICs para a democratização do conhecimento em uma sociedade com um passado de dominação por meio da manipulação de informações. Sugestão de questionário:

1) Onde você costuma buscar notícias, informações e conhecimento: na internet ou nos meios de comunicação tradicionais (televisão, rádio, jornal)? Por quê?
2) Você acha que a internet vai superar os meios de comunicação tradicionais? Por quê?
3) O que você mais utiliza: *sites*, *blogs* ou redes sociais? Por quê?
4) Você tem o costume de compartilhar textos e arquivos informativos?
5) Você participa de debates e discussões nas redes sociais?

10. Quando falamos sobre o oligopólio dos meios de comunicação no Brasil a partir de dados percentuais, muitas vezes deixamos de ter a real noção de como ele está presente em nosso cotidiano. Por isso, analise seu dia a dia ao longo de uma semana e levante as seguintes informações:

a) Quais foram os três canais de televisão a que você mais assistiu?
b) Você costuma acessar outras plataformas informativas (*sites*, *blogs*, redes sociais)? Quantas vezes você as acessou ao longo da semana?
c) Quando você quer obter uma informação específica sobre um assunto, qual é a sua primeira opção para pesquisa?
d) Você acredita que essas informações poderiam ser levantadas em outras fontes para além das plataformas às quais está acostumado(a)? Confirme se isso seria possível e indique as fontes alternativas encontradas.

O QUE PENSAMOS SOBRE

11. Formem grupos de três a quatro alunos para expor, por meio de um seminário, as características dos dispositivos comunicacionais todos-todos que contribuem para a superação do oligopólio existente no mercado de comunicação brasileiro. O tema do seminário será "Como as TICs podem enfrentar o oligopólio dos meios de comunicação no Brasil?". Assim, cada grupo deve pesquisar e apresentar uma iniciativa surgida no ciberespaço que tenha tido sucesso para denunciar um problema social ou político que não era debatido pela grande mídia ou considerado pelos poderes públicos. Durante a apresentação, o grupo deve indicar: o contexto no qual a iniciativa foi criada (expondo por que a mídia ou os poderes públicos não se interessavam pela questão), quais foram seus principais organizadores, que tipo de estratégia foi usada, como (e se) a iniciativa obteve êxito e outros elementos que considerarem relevantes.

VISÕES DE MUNDO

A expansão do alcance das tecnologias da informação e as possibilidades que ela permite vislumbrar podem apontar para maior ampliação do controle do Estado sobre os indivíduos ou para maior liberdade individual frente ao Estado e às instituições. Esse é um dos maiores dilemas vividos na sociedade da informação.

Estado, violência e vigilância

"Será que realmente o Estado está destituído de poder na sociedade em rede? Será que, ao invés disso, não estaríamos testemunhando um grande aumento na onda de violência e repressão em todo o mundo? Estará a privacidade exposta aos maiores perigos na história da humanidade, dada a natureza invasiva das novas tecnologias da informação? Não estaríamos vivendo sob a vigilância do 'grande irmão', como previra Orwell em seu '1984'? E como pode o Estado estar destituído de poder sendo dotado de formidável capacidade tecnológica, exercendo controle de um volume de informações sem precedentes?

[...]

No entanto, as novas e poderosas tecnologias da informação podem ser colocadas a serviço da vigilância, controle e repressão por parte dos aparatos de Estado (polícia, arrecadação de impostos, censura, supressão de dissidências políticas etc.). Do mesmo modo, podem ser empregadas pelos cidadãos para que se aprimorem os controles sobre o Estado, mediante o exercício do direito de acesso a informações armazenadas em bancos de dados de uso público, a interação *on-line* com seus representantes políticos e o acompanhamento de sessões políticas ao vivo, eventualmente com comentários, também ao vivo, sobre tais sessões. Além disso, as novas tecnologias permitem aos cidadãos filmarem eventos, podendo assim fornecer provas visuais de abusos e excessos [...]. O que o poder da tecnologia faz é potencializar, de forma extraordinária, as tendências já enraizadas na estrutura e instituições sociais: as sociedades opressoras podem aumentar seu poder de repressão por meio dos novos mecanismos de vigilância, ao passo que sociedades democráticas participativas podem ampliar ainda mais seu grau de abertura e participação distribuindo mais poder político pelos recursos tecnológicos. [...]"

CASTELLS, Manuel. O *poder da Identidade*. São Paulo: Paz e Terra, 1999. p. 348-349.

Atividades

OBTER INFORMAÇÕES

1. Qual é o assunto do texto?

INTERPRETAR

2. Retorne à unidade 3 e releia o texto da seção Visões de Mundo, retirado do livro 1984, mencionado no texto que lemos agora. Relacione os dois textos. O que eles têm em comum?

3. Quais razões o autor aponta para um possível aumento do controle do Estado sobre os cidadãos?

REFLETIR

4. Reflita com seus colegas sobre os dois aspectos da expansão tecnológica: o controle e a liberdade. Trabalhem com exemplos reais dos dois aspectos para enriquecer a discussão.

115

DIREITO É DIREITO

Informação, um direito de todos

PORTAIS DA TRANSPARÊNCIA

Vivemos um momento em que as tecnologias da informação se tornaram referência para a organização da sociedade. Em nosso cotidiano, a utilização da internet e, por consequência, das redes sociais *on-line*, dos *sites* de busca, dos *softwares* livres e de outras práticas permite que os cidadãos procurem, obtenham e compartilhem informações sobre quase todos os temas que possam lhes interessar.

Uma das lutas travadas por diferentes setores da sociedade brasileira sempre foi o acesso aos dados oficiais dos poderes Executivo, Legislativo e Judiciário, que tradicionalmente era vedado ao público. Informações sobre gastos públicos, contratos com empresas privadas, processos judiciais contra cidadãos (como os arquivos da ditadura militar) são alguns dos exemplos de dados controlados pelo Estado e que não estavam à disposição de todos os cidadãos. Essa situação facilitava o chamado tráfico de influência, que se caracteriza por uma informação transmitida em troca de benefício por alguém que tenha posição privilegiada em instituições públicas ou privadas.

Em resposta à demanda da sociedade, o governo sancionou em 2011 uma lei que estabeleceu novos parâmetros para o acesso à informação. De acordo com essa lei, todos têm direito a receber informações — de seu interesse particular ou de relevância coletiva — dos órgãos públicos. Assim, ficou estabelecido que o acesso à informação é um direito fundamental e deve ser facilitado pelo Estado.

A obrigação de disponibilizar os dados e arquivos ao público pode possibilitar ao cidadão maior controle sobre os atos da administração pública, bem como o acesso às relações entre seus agentes e instituições privadas.

Apesar do avanço é importante observar que os objetivos da lei somente serão atingidos a partir de ações conjugadas com outros setores do Estado e da sociedade. Faz-se necessária, por exemplo, a difusão do acesso à internet, de modo que os cidadãos possam exercer plenamente esse direito.

Reflexão

Discuta com seus colegas a importância da lei de acesso à informação para o exercício da democracia.

INDICAÇÕES

Para ver

▶ **A revolução não será televisionada**

Direção: Kim Bartley e Donnacha O'Briain. Finlândia, 2003.

O documentário é um dos maiores exemplos de como a concentração dos meios de comunicações fere os princípios democráticos ao facilitar a manipulação de informações. Acompanha a tentativa de golpe na Venezuela em 2002, quando o presidente Hugo Chávez foi preso, e mostra o papel central que a mídia desempenhou para que esse desfecho fosse possível.

Para ler

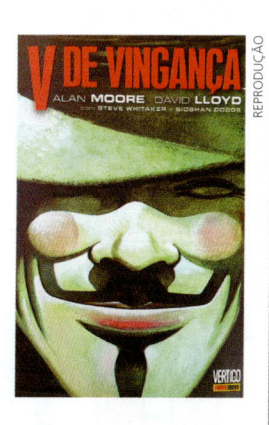

▶ **V de vingança**

Alan Moore e David Lloyd. São Paulo: Panini, 2012.

A história em quadrinhos retrata a realidade de um governo autoritário estabelecido em uma Inglaterra futurista. A repressão às liberdades civis é posta em prática por meio da vigilância, violência e censura.

▶ **Fahrenheit 451**

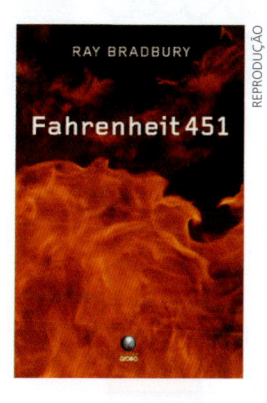

Ray Bradbury. São Paulo: Globo, 2011.

No futuro, os Estados Unidos são uma sociedade onde todos vivem com conforto. No entanto, para garantir a ordem o pensamento crítico é suprimido em nome da paz, por meio da proibição de difusão de ideias em páginas escritas. Nessa sociedade, o corpo de bombeiros passa a cumprir a função de queimar os livros existentes e perseguir aqueles que ainda os têm. O acesso livre à informação é considerado uma ameaça àquela sociedade, cuja forma de pensar é orientada por programas de televisão. O incinerador Guy Montag deixa de ser um cidadão-modelo ao descobrir as riquezas dos conteúdos dos livros e se vê forçado a juntar-se a um movimento de resistência.

▶ **Cidadão Kane**

Laura Mulvey. Rio de Janeiro: Rocco, 1992.

Cidadão Kane é um filme supostamente baseado na vida do magnata da comunicação William Hearst. No livro, a autora parte do clássico filme de Orson Welles para analisá-lo sob um novo prisma. O livro permitirá uma análise sobre o poder da imprensa na conformação da vida social, bem como os limites da liberdade individual numa sociedade fortemente influenciada por oligopólios privados da comunicação.

Para navegar

▶ **Donos da mídia**

<www.donosdamidia.com.br>

O portal apresenta de maneira clara e visualmente atrativa o perfil de alta concentração do setor de mídia no Brasil. Além disso, confirma a presença de grupos políticos e religiosos na área. A partir dos dados apresentados, é possível discutir se as TICs possuem uma dinâmica diferenciada que permitiria a circulação de informações fora da estrutura pouco democrática presente em rádios e emissoras brasileiras.

▶ **Fórum Mundial da Mídia Livre**

<www.fmml.net>

O *site* dá acesso a debates sobre as mídias alternativas, e funciona como um instrumento de mobilização de diferentes grupos e plataformas de comunicação em torno desse tema. Permite também acompanhar o andamento da elaboração da Carta Mundial da Mídia Livre, documento cujo objetivo é estabelecer princípios e garantias para a liberdade de expressão e para o funcionamento democrático da mídia.

UNIDADE 7
GOVERNO ELETRÔNICO

Milhares de pessoas trabalham de forma colaborativa, com uma divisão de trabalho espontânea e coordenação maleável. Esse foi o processo de organização e gestão que levou à criação dos **sistemas operacionais de código aberto**, conhecidos como *softwares* livres. Esse tipo de sistema operacional é definido pela excelência em promover o bem-estar público. Desprezam-se a orientação financeira e o *status* pessoal dentro do mundo corporativo. Esse trabalho orientado pelo interesse comum pode transformar a interação entre a sociedade civil e o Estado, além de criar formas mais democráticas de lidar com os conflitos sociais e a gestão política.

Começando a unidade

Qual é a melhor maneira de construir e estabelecer regras comuns para um coletivo? Que regras você acha que o coletivo da sua sala de aula criaria para organizá-la de forma colaborativa?

Constituição ao vivo

Usando Facebook, Twitter, Flickr e Youtube, a Islândia envolveu todos os cidadãos no processo de definir a base legal do país. Qualquer um podia opinar e, mais do que isso, acompanhar a construção da nova constituição.

Fórum Nacional

1 Escolha dos temas

Em junho de 2010, o Parlamento islandês definiu como seria feita a nova constituição do país, que se viu arrasado pela crise de 2008. O primeiro passo foi promover o Fórum Nacional, em 7 de novembro de 2010. 960 islandeses sorteados discutiram as bases do novo texto.

Fonte: LUPINACCI, H. *Personal Nerd* – Constituição ao vivo. *Estadão*. Disponível em: <http://blogs.estadao.com.br/link/personal-nerd-constituicao-ao-vivo>. Acesso em: 2 abr. 2014.

Assembleia Constituinte

2 Os mediadores

Com a pauta definida, foi eleita uma Assembleia Constituinte, formada por cidadãos comuns. Vinte e cinco pessoas foram eleitas, entre 522 candidatos, para conduzir a redação da carta.

Objetivos da unidade

Ao final desta unidade, você poderá:
- Compreender de que maneira a tecnologia influencia as formas de administração pública e de exercício da cidadania.
- Avaliar a contribuição da cultura de liberdade existente na internet para o aprofundamento da democracia na atualidade.

Consulta pública

3 Opinião de todos

Essa Assembleia abriu os temas para debate no *site* Stjornlagarad.is e no Facebook. Ao todo, foram propostos 300 tópicos de discussão. Segundo cálculos da Assembleia, foram 16 mil comentários, críticas, sugestões e votos de sucesso à empreitada.

Opinião de todos

Um dos membros da Assembleia Constituinte, Thorvaldur Gylfason, chamou a atenção em entrevista ao jornal britânico The Guardian, para o aspecto mais interessante do processo: "O público vê a Constituição tomar forma diante de seus olhos. Isso é muito diferente de antigamente, quando os constituintes preferiam o isolamento à participação dos cidadãos".

5 Revisão

O rascunho foi posto no ar e revisado. Mais uma vez, via comentários *on-line*. Entre o começo do processo de consulta e a conclusão final do texto foram quatro meses e 16 versões.

4 Filtro

A mediação excluiu sugestões absurdas (sorvete grátis para todos, todos os dias, redução no número de vulcões do país etc.) e levou em conta as razoáveis (aumento na transparência das decisões governamentais, melhor gestão dos recursos naturais etc.) para redigir a Constituição.

6 Entrega

Na sexta-feira, 29 de julho de 2011, a Assembleia Constituinte entregou ao Parlamento islandês, conhecido como Althingi (é o mais antigo do mundo – existe desde 930), a versão final da nova Constituição do país, que já poderia ser lida, em inglês, no *site* da Assembleia.

CAPÍTULO 13

Democracia na Era Digital

As TICs e o Estado

Assim como as relações sociais se transformam com o advento das novas tecnologias, a relação entre os cidadãos e o Estado também se altera. Um dos resultados mais recentes de todo esse processo de transformações consiste na informatização da administração pública. Esse processo se dá no uso das tecnologias da comunicação para a prestação de serviços e disponibilização de informações de interesse público por parte do Estado.

Administração pública eletrônica

Chamamos de governo eletrônico, *e-gov* (do inglês *eletronic government*) ou administração pública eletrônica, o uso das tecnologias da informação para uma aproximação entre o governo e a população. Essa nova dinâmica política parte de **pressupostos democráticos** básicos: condições sociais, econômicas e culturais que permitem o exercício livre e igual da liberdade política.

Depois da crise econômica de 2008, a Islândia — que tem cerca de 300 mil habitantes — utilizou-se das redes sociais digitais e do acesso quase universal à internet (95%) para elaborar uma nova Constituição. Este é o maior exemplo de aproximação entre governantes e população por meio das novas tecnologias de comunicação até hoje (figura 1).

Figura 1. As transformações tecnológicas alteram todas as relações sociais, inclusive as formas de fazer política.

Embora não se trate de um novo modelo, surgem novos meios de debater problemas, escolher estratégias, tomar decisões, realizar transações, conhecer demandas, organizar e divulgar informações. Os novos recursos tecnológicos permitem a elaboração de uma forma inédita de se fazer política, fazendo com que os cidadãos participem diretamente como um modo de trabalho coletivo. O método aberto e descentralizado de criação e renovação do *software* livre pode ser utilizado até mesmo para escrever leis de forma colaborativa em um governo eletrônico democrático.

A ampliação da participação e do **acesso à informação** permite aumentar a **transparência** na administração pública. Com acesso à informação, a administração dos recursos públicos e as decisões políticas tornam-se responsabilidades divididas entre o poder público e a sociedade.

Essa aproximação entre o Estado e a sociedade atenderia ao objetivo de aprofundar a democracia. Para que isso fosse possível, a tecnologia teria que ser um direito universal, utilizado para criar um canal de diálogo e interação mais eficiente e participativo entre a sociedade civil e o Estado.

Quando se fala em transparência, significa que os dados sobre gastos públicos, cronogramas de obras e políticas públicas, além da elaboração de leis, ficam disponíveis à população por meio da internet. Esse tipo de informação faz com que os cidadãos tomem conhecimento das atividades do Estado e dos parlamentares e fiscalizem o uso do dinheiro público.

Vários governos espalhados pelo mundo têm investido em novas ferramentas de comunicação. São utilizados os mais diferentes instrumentos de acesso a plataformas, programas *on-line*, fóruns virtuais, exposição de banco de dados etc. (figura 2).

Figura 2. Com frequência, especialistas se reúnem para descobrir como colocar em prática na administração pública os princípios do governo eletrônico. Na foto, o coordenador executivo do Gabinete Digital do RS, Luiz Damasceno, apresenta uma experiência local no Fórum Municipal de Software Livre e Governo Eletrônico em João Pessoa (PB, 2013).

> **Audiovisual**
> Inclusão digital no Brasil

Desigualdade social e governo eletrônico

Uma das questões mais polêmicas a respeito do governo eletrônico é a **exclusão digital**. Muito se investe em novas tecnologias, a fim de viabilizar o governo eletrônico. Entretanto, esses esforços não são feitos para garantir o acesso às novas tecnologias ou a capacitação que permite o ingresso de toda a sociedade no mundo digital. Assim, em vez de atender a um princípio de democratização e ao acesso ao governo, o *e-gov* pode tornar esse processo ainda mais excludente e desigual.

A ampliação da participação política, por meio do governo eletrônico, depende diretamente da inclusão digital, que por sua vez, está vinculada ao pleno acesso à educação. Por fim, para que o exercício da democracia seja irrestrito, é necessário que todos tenham, pelo menos, uma compreensão mínima sobre as funções e estruturas governamentais.

Mesmo em democracias mais desenvolvidas, são muitos os desafios enfrentados pelos Estados para que possam se utilizar das tecnologias e concretizar o governo eletrônico. Nos países com tradição democrática menos participativa, esses desafios são ainda maiores, uma vez que, além de acompanhar as inovações, é preciso pensar em caminhos para a inclusão social e política antes mesmo da digital (figura 3).

Figura 3. Entre os principais desafios para a consolidação do governo eletrônico, destaca-se a necessidade de superação da desigualdade social diante da exclusão digital. Na foto, campanha do governo do estado do Mato Grosso (2014).

O ESTRANHO FAMILIAR

Movimento Zapatista: do campo para o mundo

No México, a agricultura de subsistência centrada nas plantações de milho entrou em crise a partir dos anos 1960, quando o governo baixou os preços dos alimentos para que fossem vendidos a preços mais baratos na cidade. Concentrou-se no apoio aos latifúndios que produziam para exportação. Os pequenos produtores, a maioria indígena, passaram a sofrer um quadro crônico de miséria e desapropriação de suas terras.

Surgiu, então, o Exército Zapatista de Libertação Nacional (EZLN), fruto da união de um pequeno grupo político urbano, os campesinos, com o objetivo de lutar por democracia e divisão justa da terra. Eles se inspiraram na luta de Emiliano Zapata contra o regime autocrático de Porfírio Díaz que culminou na Revolução Mexicana de 1910.

Em 1994, cerca de três mil homens e mulheres que compunham o EZLN ocuparam sete cidades na região de Chiapas. Como porta-voz o movimento tinha a figura de um homem, conhecido apenas como Subcomandante Marcos.

A principal estratégia e chave do sucesso do movimento zapatista não foi o conflito, mas a comunicação via internet. Não por acaso o levante coincidiu com o primeiro dia do Tratado de Livre Comércio da América do Norte (Nafta). A privatização das terras comunais e as importações de produtos, incentivadas pelo tratado, aprofundaram uma crise que já se arrastava há décadas no campo mexicano.

O levante indígena expressou uma antiga luta por justiça social, mas inseriu-se em novas condições históricas. Apesar de o acesso à internet ser ainda muito restrito à época, seu uso possibilitou difundir informações e criar uma rede descentralizada de solidariedade por todo o mundo. A pressão internacional freou a violenta repressão do governo e forçou as negociações que influenciaram profundamente a sociedade mexicana.

A partir desse momento iniciou-se uma discussão sobre os direitos dos indígenas, exclusão social e corrupção política. A possibilidade de comunicação com o mundo transformou o pequeno grupo insurgente em assunto de grande importância mundial.

As pinturas das construções comunitárias no povoado zapatista transmitem a história e os ideais da luta do movimento. Na foto, há um grafite cujos dizeres são um apelo por liberdade (México, 1997).

Atividade

Pesquise outro exemplo que demonstre o potencial da internet para ampliar a participação política da sociedade.

CAPÍTULO 14

Democracia digital e *software* livre

Relação entre democracia e o mundo digital

Uma das características mais importantes da internet e que permitiu sua rápida difusão foi o fato de sua arquitetura estar aberta a quem quisesse alterá-la desde o princípio. Essa abertura permitiu que milhares de usuários se tornassem produtores dessa tecnologia como verdadeiros artesãos da rede mundial de computadores.

O desenvolvimento autônomo por meio do trabalho colaborativo pode ser visualizado na imagem de centenas de milhares de pessoas conectadas por computadores escrevendo códigos de programas conjuntamente (os *softwares*), permitindo com isso que cada vez mais pessoas se integrem à rede, independentemente do seu nível de conhecimento técnico.

A internet é o principal meio onde se reconhece o mundo digital e o *software* livre é a característica tecnológica mais importante de sua construção. Esse processo de deliberação e trabalho coletivo voltado a ampliar o número de participantes autônomos caracteriza o aspecto político mais importante da internet. E esse aspecto se refere a uma posição política democrática.

Assim, a internet passa a influenciar a dinâmica dos processos políticos das sociedades, preocupadas em alcançar os ideais democráticos de liberdade, autonomia e participação popular (figura 4).

GLOSSÁRIO

Software: conjunto de informações digitais escritas em uma linguagem de programação que oferece as instruções a serem executadas em um computador.

Deliberação: discussão com o objetivo de resolver algum impasse ou tomar uma decisão.

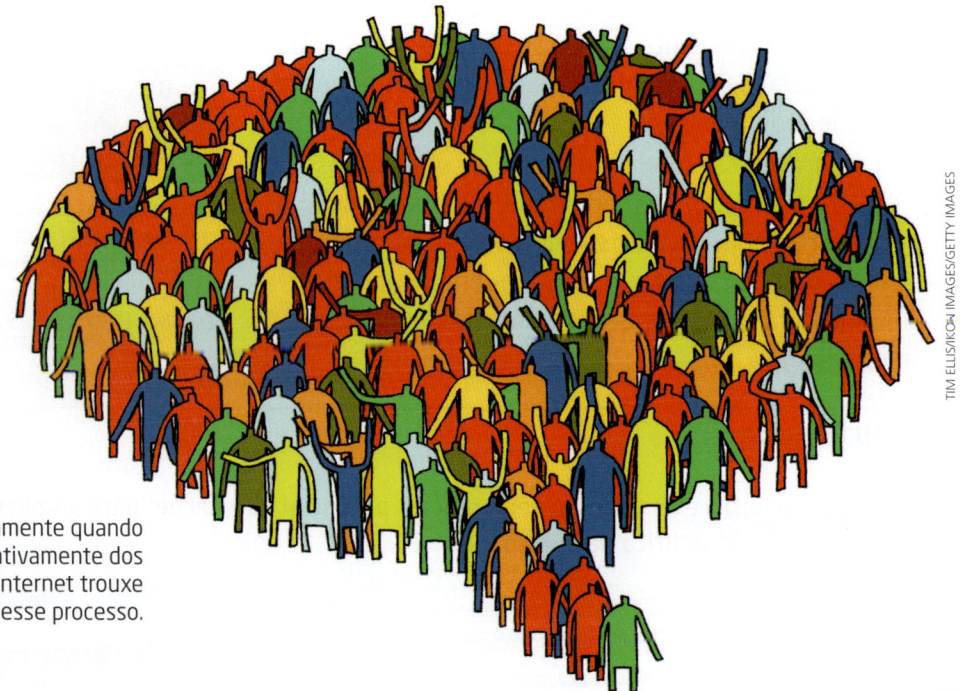

Figura 4. A democracia só se realiza plenamente quando a população tem os meios para participar ativamente dos processos decisórios da gestão pública. A internet trouxe novas possibilidades para a realização desse processo.

Software livre

As culturas cibernética e democrática têm alguns aspectos em comum. O desenvolvimento da liberdade na internet concebeu espontaneamente o *software* livre com base no trabalho colaborativo de milhares de programadores e *hackers* que disponibilizaram seu trabalho na rede. Ao fazer isso, eles abriram mão dos possíveis ganhos com direito de propriedade intelectual (DPI, Direito de Propriedade Intelectual) sobre suas criações. Entretanto, eles deram espaço para que seu trabalho fosse aprimorado continuamente por outros programadores que de alguma forma compartilhavam os mesmos valores de liberdade.

Assim, o *software* livre é caracterizado pelo princípio da liberdade, e não do lucro. Analisando a palavra em inglês para *software* livre, *freeware*, temos mais um elemento para entender o que isso significa. Em inglês, a palavra *free* tem dois significados: grátis e livre. *Freeware* refere-se ao segundo e relaciona-se com a liberdade que os usuários desses programas têm. A ideia é que esses programas estejam sempre disponibilizados para todos, desde que essas pessoas se comprometam a manter suas contribuições públicas e abertas às modificações de outros usuários. Se um programa permite que seu usuário desfrute de todas essas liberdades sem que precise de permissões, o *software* em questão é considerado livre. Um *software* comercializado também pode ser tido como livre desde que qualquer um que obtenha uma cópia possa usufruir das quatro liberdades fundamentais (tabela 1).

Democracia digital

No início da popularização da internet, alguns movimentos sociais enxergaram nessa tecnologia a possibilidade de uma nova forma de organização política. A ideia era que as comunidades locais pudessem enfrentar as redes de poder global e reconstruir o mundo "de baixo para cima" com base nos interesses das pessoas, e não do capital.

Esse novo meio de mobilização fez surgir a expressão **democracia digital**, que se refere ao emprego político das TICs para a manutenção do sistema democrático contemporâneo (figura 5).

Redes de cidadãos

As primeiras experiências de interação política na internet foram organizadas por movimentos sociais locais. Eram *hackers* que se uniram a governos municipais, comprometidos com os princípios democráticos de inclusão e empenhados em criar novos canais de participação para os cidadãos. Foram esses grupos que, por meio de suas ações, deram forma à ideia de democracia digital. Assim, as decisões tomadas no ciberespaço começaram a ser aplicadas nas comunidades locais, o que evidenciou o potencial político das tecnologias digitais.

GLOSSÁRIO

Hacker: pessoa com vasto conhecimento sobre informática, programação e sistemas. O termo é, por vezes, confundido com *cracker*, alguém que usa sua habilidade de programação para invadir sistemas e praticar crimes eletrônicos.

TABELA 1. LIBERDADES FUNDAMENTAIS DO *SOFTWARE* LIVRE

Liberdade nº 0	Liberdade de executar o programa para qualquer propósito.
Liberdade nº 1	Liberdade de estudar como o programa funciona e adaptá-lo para qualquer necessidade.
Liberdade nº 2	Liberdade de distribuir cópias para ajudar a quem quer que o programa seja útil.
Liberdade nº 3	Liberdade de aperfeiçoar o programa e disponibilizar esses aperfeiçoamentos para benefício de todos.

Fonte: CAMPOS, Augusto. *O que é software livre*. BR-Linux, março de 2006. Disponível em: <http://br-linux.org/linux/faq-softwarelivre>. Acesso em: 2 jun. 2014.

Figura 5. O voto mediado pelas TICs é uma das formas de ampliar os meios de consulta à população sobre os assuntos públicos. A Suíça foi pioneira na utilização do voto eletrônico pela internet, que teve início em 2003.

Estado digital e participação civil

A internet pode ser um instrumento extraordinário de promoção da democracia. A possibilidade de os cidadãos estarem tão bem informados quanto seus líderes e poderem se fazer ouvir é o que alimenta esse ideal. Dessa forma, a transparência de informações públicas viabilizadas pela internet permite que o povo fiscalize o governo.

A democracia digital é, portanto, um novo meio de legitimação do modelo democrático, e não um novo modelo em si. O que legitima a organização representativa das democracias liberais é o voto, que é uma escolha individual de um representante, candidato a algum cargo político. Até a popularização da internet os cidadãos tinham poucos meios de averiguar e participar das decisões políticas tomadas pelos representantes eleitos por eles.

Assim, a internet possibilita outras formas de legitimação por quatro motivos principais:

1) permite a expressão dos interesses individuais;
2) fortalece valores coletivos por meio das comunidades virtuais;
3) promove o debate público racional, pois permite decisões coletivas de acordo com as possibilidades de agir;
4) possibilita a fiscalização das ações dos representantes eleitos.

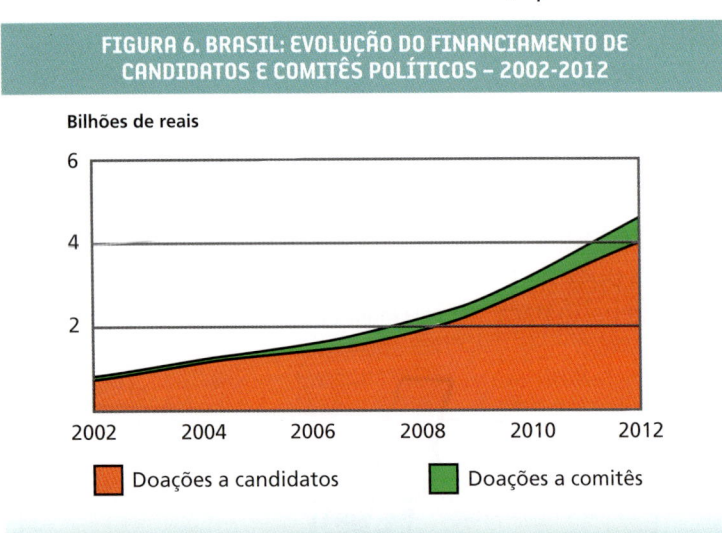

Esse ideal, entretanto, ainda não é uma realidade para a maioria dos países democráticos do mundo. A estratégia política geral ainda consiste em valer-se da mídia tradicional, que muitas vezes é tendenciosa no seu padrão de comunicação um-todos. Por essas razões, o modelo representativo enfrenta um momento de crise. Está claro que as novas tecnologias da comunicação não são o único remédio para essa crise, mas é notável a forma como a internet influencia o mundo da política e a prática de governos e governantes. A participação política não acontece apenas na hora do voto, mas também na fiscalização (figura 6).

FIGURA 6. BRASIL: EVOLUÇÃO DO FINANCIAMENTO DE CANDIDATOS E COMITÊS POLÍTICOS – 2002-2012

Fonte: Portal às claras. Evolução do financiamento eleitoral ao longo dos anos. Disponível em: <www.asclaras.org.br/@index.php>. Acesso em: 30 mar. 2014.

Graus de participação na democracia digital

É possível percebermos diferentes graus de participação da sociedade nas decisões políticas com o uso das TICs. Com base nas experiências atuais, podemos indicar cinco graus de participação que auxiliam a pensar nas consequências do emprego dessas tecnologias no mundo da política.

Primeiro grau de democracia digital

Trata-se, basicamente, da disponibilização de informações e prestação de serviços públicos por meio das TICs. Nesse grau, o fluxo é predominantemente de mão única, isto é, o governo supre as necessidades de informação e serviços do cidadão, que, por sua vez, aguarda de forma passiva. Os governos tratam as TICs do mesmo modo que as empresas tratam o capital, como se o cidadão fosse o consumidor de um produto.

Segundo grau de democracia digital

Ocorre quando é feito um levantamento da opinião pública para orientar as tomadas de decisão políticas. Nesse grau, as TICs funcionam como um meio de comunicação a mais. No entanto, o governo não cria um diálogo efetivo com a sociedade, já que faz apenas levantamentos de opinião sobre um determinado assunto, sem garantir que essa opinião será levada em conta no processo decisório.

Terceiro grau de democracia digital

Nesse grau, há prestação de contas e transparência nas ações da administração pública, a fim de aumentar o controle e a influência da sociedade nas decisões do governo. Além disso, aumenta a responsabilidade do governo perante a sociedade. Apesar de mais aberta ao controle da população, a decisão política permanece restrita à política profissional.

Quarto grau de democracia digital

Criam-se mecanismos de discussão pública capazes de criar uma democracia deliberativa. Nesse grau, a intercomunicação entre cidadãos e políticos profissionais é mais sofisticada e permite o convencimento mútuo, por meio do diálogo aberto e livre, para reivindicações e argumentos. Nessa dinâmica, as decisões tomadas pelos políticos profissionais podem ser as mesmas da população, mas os valores da democracia representativa são mantidos, já que a deliberação final ainda é reservada aos profissionais.

Quinto grau de democracia digital

No grau mais alto, mecanismos de decisão pública são capazes de efetivar o ideal de democracia direta. Por meio das TICs, a sociedade delibera e decide as políticas necessárias para a administração pública. Nesse grau, a democracia se torna um novo modelo político, no qual a sociedade toma as principais decisões em um Estado governado por plebiscitos. As leis já estabelecidas são reavaliadas por referendos.

O papel dos municípios

A internet é um meio de comunicação barato e pouco controlado, mas sua característica mais importante é ser horizontal. A rede promove a comunicação de qualidade tanto no padrão um-um quanto no um-todos ou todos-todos. Por isso, ela parece ser a ferramenta ideal para promover o diálogo e a deliberação coletiva dos assuntos públicos.

Quanto às experiências de uso da internet pelos Estados, são os municípios que mais têm utilizado as novas ferramentas de ampliação do exercício da cidadania, justamente por serem unidades políticas menores. No Brasil, essa tendência mundial também se confirma.

GLOSSÁRIO

Plebiscito: consulta pública sobre algum assunto de interesse comunitário, que permite a manifestação da vontade popular, por meio do voto, sobre algum assunto de interesse político ou social, cuja decisão deve ser seguida pelo Poder Legislativo.

Referendo: consulta pública sobre uma lei já estabelecida. O eleitorado vota para aprovação ou rejeição da norma.

ATIVIDADES

REVISÃO E COMPREENSÃO

1. A construção do ideal de governo eletrônico depende das novas Tecnologias de Informação e Comunicação (TICs), com base na configuração de novas formas de socialização. A respeito do tema, responda:
   a) De que modo o governo eletrônico pode estabelecer um contato mais próximo entre governo e população?
   b) Identifique um possível ponto fraco do governo eletrônico no Brasil.

2. Explique o que são *softwares* livres e o que os diferencia dos *softwares* comerciais.

INTERPRETAÇÃO E PRÁTICA

3. A expressão "artesãos da rede mundial de computadores" pode ser utilizada para designar os usuários da grande rede. Tal expressão pode ser explicada pelo seguinte argumento:
   a) A possibilidade de os indivíduos participarem ativamente da construção dos conteúdos da internet.
   b) O crescimento do acesso à rede por parte de indivíduos da esfera rural, atingindo níveis semelhantes aos das áreas urbanas.
   c) A relação do trabalho artesão, sempre produzindo em menor escala e atingindo um público consumidor mais restrito em relação às grandes fábricas, se assemelha à configuração da internet nos dias atuais.
   d) Confirmar que, assim como os artesãos, os usuários da internet possuem perfis extremamente individualistas, buscando obter ganhos exclusivos para si com base na participação efetiva na grande rede.
   e) Afirmar que, assim como o trabalho artesanal, o desenvolvimento da rede intensifica a disseminação da visão de uma só pessoa.

4. Leia o texto e faça o que se pede.

   "[...] o advento da internet e as inovações tecnológicas em comunicações proporcionaram às organizações a possibilidade de migrar seus sistemas existentes em plataformas convencionais para sistemas com *interface web*. O esgotamento da sobrevida de sistemas legados pode ser considerado ainda um exemplo de fator que motivou a construção de sistemas baseados na internet, os quais conformam, na prática, o governo eletrônico. [...] Outros aspectos que incentivaram o surgimento dessa inovação foram, em ordem de relevância para os governos: (1) a necessidade de as administrações aumentarem sua arrecadação e melhorar seus processos internos; e (2) as pressões da sociedade para que o governo aperfeiçoe seus gastos e atue cada vez mais na oferta de serviços aos cidadãos e organizações em geral.

   [...]".

   MEDEIROS, P. H.; GUIMARÃES, T. de A. A institucionalização do governo eletrônico no Brasil. Porto Alegre: Bookman, 2005. p. 67.

   Aponte a relação entre governo eletrônico, transparência nas informações e acesso ao conteúdo disponível.

5. Considerando que a Suíça é um dos países mais avançados do mundo em termos de graus de democracia digital, leia o texto e, depois, responda à questão.

Democracia direta enfrenta o desafio digital

"O futuro da democracia direta suíça é eletrônico e global. O governo visa a introdução do *e-voting* [voto eletrônico] em escala nacional, com os suíços do estrangeiro no papel de pioneiros. O processo será gradual e a segurança será preponderante. Mas não falta oposição.

O governo suíço não tem mais dúvida: o balanço de dez anos de testes de voto pela internet nos cantões (estados), além de uma centena no plano federal, o convenceu que este é o meio certo para responder à expectativa do eleitorado em matéria de direitos populares.

'A introdução do voto eletrônico é a consequência lógica e natural da evolução social ocorrida nas últimas décadas no setor da comunicação e do tratamento de diversos casos', observa o governo federal em seu relatório a respeito do *e-voting* [...]."

FENAZZI, S. Democracia direta enfrenta o desafio digital. *Swissinfo.ch*, Zurique, ago. 2013. Disponível em: <www.swissinfo.ch/por/politica_suica/Democracia_direta_enfrenta_o_desafio_digital.html?cid=36656238>. Acesso em: 27 mar. 2014.

Quais são as metas políticas da democracia digital no caso da Suíça?

6. O governo eletrônico representa uma forma inovadora de aproximação da sociedade civil com os setores governamentais no que diz respeito aos serviços prestados pela administração pública. Contudo, esse elo se torna muito frágil em função de alguns problemas sociais, como a exclusão digital. Desenvolva críticas ao *e-gov*, tendo como referência o quadro de desigualdade social no Brasil.

7. Relacione os conceitos de democracia digital e *software* livre com a utilização da internet como instrumento de organização e participação cidadã em movimentos sociais.

EXPLORANDO O COTIDIANO

8. Atualmente, é comum os órgãos públicos governamentais disponibilizarem informações e ações por eles produzidas. No entanto, sabemos que o acesso à internet não é pleno e ainda não podemos dizer que existe uma democracia digital. O *software* livre é um dos meios de chegar a esse objetivo, uma vez que disponibiliza programas gratuitos.

Dividam-se em grupos de cinco alunos. Entrevistem um grupo de cinco pessoas: familiares, funcionários da escola, vizinhos etc. usando as questões a seguir. Expliquem aos entrevistados os conceitos de democracia digital e *software* livre. Discutam com seu grupo sobre as respostas dos entrevistados. Produzam um texto e apresentem o resultado para sua turma. Bom trabalho!

1) Você acha que o Brasil está no caminho para ser uma democracia digital? Justifique.
2) Será que a disponibilidade das ações do governo fará com que as pessoas se envolvam mais com os acontecimentos políticos? Justifique.
3) Você acha que o *software* livre pode auxiliar na erradicação da exclusão digital? Justifique.

VISÕES DE MUNDO

A expansão da internet permitiu o desenvolvimento da democracia digital, que se utiliza da rede para ampliar a participação política dos cidadãos. No entanto, essa participação pode gerar situações inusitadas.

Democracia digital: internet e participação

"Imagine poder escolher o prefeito de sua cidade pela internet ou participar de um plebiscito sem sair de casa, direto do celular, *tablet* ou do computador pessoal. Ficção? Na Suíça, há uma década, a cena faz parte do cotidiano, mas ainda é uma exceção. Por aqui, a chamada democracia digital dá os primeiros passos — com alguns tropeços — rumo a essa nova forma de participação política.

Apesar das dificuldades, pesquisadores são unânimes ao afirmar que o caminho é longo, mas irreversível. A *web* e suas ferramentas têm potencial para assumir o papel outrora desempenhado pela praça pública de Atenas — berço da democracia, onde as decisões eram tomadas sem intermediários — e dar uma nova cara ao sistema.

— Estamos em uma posição única para iniciar essa transformação. Pela primeira vez, em quase todo o continente latino-americano, a democracia não é apenas um intervalo entre

A expansão da internet permite a criação de novas formas de participação cidadã, mas ainda pode criar situações inusitadas, como a petição pública pedindo ao governo dos Estados Unidos a construção de uma "Estrela da Morte".

ditaduras, e já temos a primeira geração formada nesse novo contexto — avalia Pedro Abramovay, mestre em Direito e diretor da Open Society Foundations para a América Latina.

Avanço das ferramentas virtuais exige cuidados

Mas a mudança não é um processo simples e traz uma série de dúvidas, a começar pelo risco de elitização, já que o acesso à internet ainda é restrito. Isso sem falar nas incertezas quanto ao uso dela. Os abaixo-assinados virtuais, por exemplo, sequer têm validade jurídica, porque as assinaturas das petições carecem de certificação.

— Não há dúvidas de que a evolução é positiva, mas é preciso que seja cercada de cuidados. Do contrário, grupos de interesses podem acabar falando em nome da sociedade, o que nem sempre é bom. Além disso, sem um controle sobre o local e o momento do voto, sempre há o perigo de uma volta do coronelismo em versão *on-line* — pondera o professor de Direito da Informática da UFRGS, Cesar Santolim."

BUBLITZ, Juliana. Democracia digital: internet e participação. *Zero Hora*, Porto Alegre.

Atividades

OBTER INFORMAÇÕES

1. Indique em uma frase qual o tema do texto.

INTERPRETAR

2. Quais possibilidades a expansão da democracia digital pode trazer para a participação política dos cidadãos? E quais são seus problemas?

REFLETIR

3. Converse com seus colegas e, com a ajuda do professor, elaborem uma petição que possa ser compartilhada pela internet.

GLOSSÁRIO

Estrela da morte: base bélica do tamanho de uma lua, armada com um superlaser destruidor de planetas. Criada pelo Império Galáctico na série cinematográfica de ficção científica *Star Wars*.

DIREITO É DIREITO

Acesso à internet, direito de todos?

Ao transformar nossas relações e nossos hábitos mais cotidianos, a internet, os computadores e os *smartphones* estruturam as sociedades humanas imprimindo uma condição de ubiquidade, quando o indivíduo sente como se estivesse presente em vários lugares. A internet, potencialmente, significa uma abertura ao mundo e à liberdade de expressão. Sua estrutura entra em choque com governos autoritários e aponta para mudanças políticas globais.

As características do ciberespaço, como a construção coletiva, a cooperação e os compartilhamentos, são potencialmente capazes de construir um ambiente mais inclusivo e transparente. O resultado é que os cidadãos podem se sentir mais responsáveis, informados e mobilizados a intervir na vida pública. A percepção da necessidade de uma ampla participação no processo político e econômico se espalha pelas redes e consolida a ideia de que o acesso à internet é um direito de todos.

O livre acesso à internet pode ser considerado um direito difuso, como a preservação dos oceanos e demais ecossistemas do planeta, o direito à saúde etc. Esse tipo de direito é diferente do direito coletivo, que se refere a categorias ou classes de pessoas ligadas entre si, como associações, sindicatos e partidos políticos. Os direitos difusos afetam os consumidores, os prejudicados por danos ambientais e a humanidade em geral. O Ministério da Justiça afirma em seu portal que direito difuso "são todos aqueles direitos que não podem ser atribuídos a um grupo específico de pessoas, pois dizem respeito a toda a sociedade".

Considerando o fato de que o Brasil é um país em que a inclusão digital é relativamente pequena, o governo vem criando projetos para ampliar o acesso dos brasileiros a esse direito. Há dois decretos importantes nesse sentido: um institui o comitê gestor do Programa de Inclusão Digital; o outro instituiu o Programa Nacional de Banda Larga (PNLB), cujo objetivo é dar conta de uma das principais razões da falta de acesso à internet pelos brasileiros, a falta de acesso a uma boa conexão.

O acesso e o uso emancipado das TICs, que pressupõem autonomia, liberdade e crítica, constituem-se em direito difuso fundamental que pode consolidar a democracia como princípio universal entre as nações. Mas para que se chegue lá é necessário, antes, que os cidadãos possam ter acesso às redes.

Reflexão

Considerando os direitos difusos e o caráter planetário dos problemas ecológicos, técnicos, científicos e sociais da atualidade, reflita sobre o fato de a internet, no Brasil, não se constituir um direito de todos. Quais são as principais razões dessa exclusão?

O acesso à informação é uma das formas possíveis de inteirar-se sobre as informações de interesse coletivo: estrutura organizacional de órgãos públicos, registros de despesas, acompanhamento de ações, projetos, obras etc.

INDICAÇÕES

Para ver

▶ **InProprietário**

Direção: Daniel Bianchi e Jota Rodrigo. Brasil, 2008.

Esse documentário mostra o que são e como funcionam os sistemas operacionais livres com código-fonte aberto, mais conhecidos como *softwares* livres e gratuitos. Além de entrevistar os principais idealizadores no mundo e alguns dos usuários no Brasil, aborda-se principalmente o fato de esse movimento, que mobiliza cada vez mais pessoas, possuir uma clara proposta política: questionar a propriedade privada garantida via patentes dos *softwares* com código-fonte fechado.

▶ ***Software* livre – Animação em massinha**

Direção: Aurélio Heckert e Rozane Suzart. Brasil, 2005.

A animação explica de maneira bastante didática o que é *software*, os princípios do *software* livre e suas vantagens em relação à lógica do *software* com propriedade. Apresenta também a motivação para a criação do *software* livre, que originou o GNU/Linux, e a forma como a ideia de *copyleft* se opõe ao *copyright*, ao estimular o livre compartilhamento do conhecimento.

▶ **Revolution OS**

Direção: J. T. S. Moore. Estados Unidos, 2001.

Esse documentário faz uma análise da evolução da filosofia dos sistemas operacionais com código aberto a partir do Movimento *Software* Livre. Ele narra a história e a filosofia do *software* livre, tendo como pano de fundo o desenvolvimento do sistema GNU/Linux.

Para ler

▶ **Inclusão digital – polêmica contemporânea**

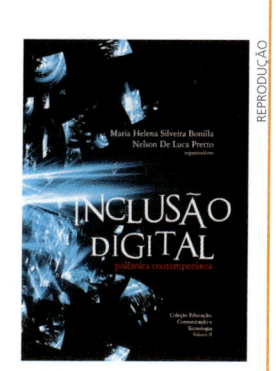

Maria Helena Bonilla & Nelson Pretto (Orgs.). Salvador: Edufba, 2011.

Esse livro, organizado sob a forma de artigos, está disponível *on-line* e tem como proposta discutir os desafios da inclusão digital com foco na realidade brasileira. Para isso, traz temas como a relação entre inclusão digital e social, *software* livre e inclusão digital no ambiente escolar.

Para navegar

▶ **Portal Software Público Brasileiro**

<www.softwarepublico.gov.br>

Portal de compartilhamento de *softwares* livres entre governo e sociedade, a fim de reduzir custos, ampliar parcerias e reforçar a política de *software* livre no setor público. No *site*, há uma lista com os *softwares* públicos desenvolvidos e seus objetivos em diversas áreas, como saúde, educação e gestão de cidades.

▶ **Webdemocracia**

<webdemocracia.com>

Esse *site* tem como objetivo estimular o conhecimento sobre a política partidária brasileira, estimulando a democracia digital. A ferramenta facilita a troca de informações sobre os políticos entre sua rede de amigos e conhecidos e processa informações para exibir a opinião geral da população. A principal ideia do *site* é que os usuários possam partilhar suas opiniões, avaliar políticos, criar e assinar abaixo-assinados e discutir temas relacionados à política e à economia.

UNIDADE 8
SOCIEDADE E DIREITO DA INFORMÁTICA

Há algumas décadas, a Informática, ciência que estuda a informação obtida por meio do processamento de dados, assumiu um lugar de destaque nas relações sociais. As informações e manifestações culturais passaram a ser transmitidas para diferentes lugares do mundo indiscriminadamente. Como parte da vida social, as diferentes expressões da Informática estão sujeitas a avaliações éticas, assim como a interferências sociopolíticas, econômicas e jurídicas. Nesta unidade estudaremos as relações entre sociedade, Direito e Informática.

Começando a unidade

Você utiliza a internet para ver e compartilhar produtos culturais, como fotos, filmes e músicas? O que você acha de essa prática ser condenada por ser uma violação aos direitos de propriedade intelectual? Se você escrevesse um livro ou compusesse uma canção, compartilharia seu trabalho livremente na internet?

Objetivos da unidade

Ao final desta unidade, você poderá:
- Identificar elementos básicos das relações entre sociedade, Direito e Informática.
- Reconhecer as prerrogativas do Direito da Informática.

CAPÍTULO 15

O direito à informação e o Direito da Informação

O direito à informação

É comum ouvirmos a expressão "conhecimento é poder". Pais e professores, por exemplo, costumam repetir essa frase para incentivar os jovens a ampliar seus conhecimentos. Já no final do século XVI, o filósofo inglês Francis Bacon, ao se pronunciar sobre o domínio da natureza pelo ser humano, afirmou que "o conhecimento, em si mesmo, é poder".

O exercício do poder está diretamente ligado às informações que possibilitam que homens e mulheres desfrutem do conhecimento sobre determinada realidade ou objeto. Vivemos na "sociedade do conhecimento", uma sociedade na qual a educação tem um papel absolutamente fundamental (figura 1).

Figura 1. Aula de computação na Universidade Estadual do Rio Grande do Norte (UERN), em Natal (RN, 2011). A sociedade do conhecimento exige que os cidadãos estejam cada vez mais informados e preparados para lidar com as inovações tecnológicas necessárias aos processos de socialização atuais.

O direito à informação é o que garante que todos os cidadãos tenham acesso às informações de interesse público que estejam em poder do Estado, de pessoas ou de empresas privadas (figura 2).

É importante ressaltar que o direito à informação não é absoluto. Dados de natureza privada ou documentos legalmente protegidos, como o sigilo bancário, fiscal e telefônico, precisam de autorização judicial para serem visitados sem o consentimento dos seus possuidores.

O direito à informação tampouco é uma ameaça ao direito à privacidade, garantido pela Constituição. Sempre que houver choque entre esses dois direitos — algo comum na vida de políticos, grandes empresários e outras pessoas cuja vida particular pode ser de interesse público —, o Poder Judiciário será acionado para definir qual desses direitos deverá ser sacrificado e qual deverá, no todo ou em parte, ser preservado.

Figura 2. No Brasil, o direito à informação está ratificado na Constituição Federal de 1988 como um dos direitos fundamentais do cidadão.

Direito à informação e democracia

O livre acesso à informação pública é uma das bases da democracia. Para garantir esse direito, o acesso deve ser universalizado, de modo que o poder proveniente do conhecimento possa ser disseminado entre o maior número possível de pessoas. Em sociedades desiguais, nem todas as pessoas têm acesso aos seus direitos fundamentais. Se "informação é poder", as pessoas que têm acesso a ela estão em uma posição privilegiada sobre os excluídos desse processo.

No Brasil, a Lei de Acesso à Informação (LAI) estabelece que órgãos e entidades públicas devem divulgar informações de interesse coletivo, utilizando-se de todos os meios disponíveis e, obrigatoriamente, da internet. Por exemplo, com a divulgação das informações sobre os gastos públicos é possível aumentar a transparência do Estado e o controle social (figura 3).

Em busca da ampliação das liberdades públicas e da igualdade de condições entre as pessoas e entre os grupos sociais, as sociedades democráticas criam direitos ligados ao acesso à informação, muitos dos quais já foram constitucionalizados. No Brasil, fazem parte desses direitos — genericamente denominados direitos fundamentais — as liberdades de expressão, de crença religiosa, de associação política etc.

Escolas, universidades e associações de classe (como os sindicatos), entre outras instituições ligadas à informação, estão entre os pilares da democracia. Essas instituições são ambientes nos quais a liberdade e a pluralidade de visões devem ser valorizados e costumam estar na vanguarda da produção do conhecimento e da difusão da informação. Por isso, é responsabilidade do Estado disponibilizar os recursos necessários à formação de cidadãos autônomos, investindo em escolas, universidades e redes de televisão públicas, por exemplo.

> **GLOSSÁRIO**
>
> **Vanguarda:** agente, grupo ou movimento intelectual, artístico ou político que está, ou procura estar, à frente do seu tempo no que diz respeito a ações, ideias ou experiências.
>
> **Execução orçamentária:** é o processo que consiste em programar e realizar despesas, levando-se em conta a disponibilidade financeira da administração e o cumprimento das exigências legais.

Figura 3. A lei da transparência determina que a União, os estados, o Distrito Federal e os municípios disponibilizem informações sobre a execução orçamentária, para que os cidadãos possam fiscalizar todos os atos praticados pelas unidades gestoras.

O direito à informação na atualidade

Durante a Idade Média, entre os séculos V e XV, a Igreja Católica produziu e tutelou o conhecimento e, com isso, exerceu grande influência política. Na Idade Moderna (até o século XVIII), esse papel passou a ser prioritariamente do Estado, que controlava a maior parte da informação. Atualmente, algumas empresas são as grandes fontes e acervos do conhecimento, já que a maior parte da informação é produzida por empresas privadas.

Ao utilizar navegadores, *sites* de busca ou gerenciadores de *e-mails*, os computadores podem ficar vulneráveis a programas capazes de armazenar informações pessoais sem o conhecimento do usuário. Na maioria das vezes, as informações são armazenadas pelas empresas para fins comerciais. A maior parte dos usuários desses serviços não sabe como eles funcionam, quanto das informações são armazenadas ou, ainda, como elas podem interferir na liberdade individual e/ou na soberania nacional (figura 4).

Figura 4. Na atualidade, como no romance *1984*, de George Orwell, a sociedade é cada vez mais monitorada por dispositivos eletrônicos.

> **GLOSSÁRIO**
>
> **Tutela:** amparo, orientação, direcionamento, auxílio.

Por isso, além da proteção firmada pela Constituição, é importante que o Estado e a sociedade civil regulamentem mecanismos que definam os direitos, os deveres e as responsabilidades sociais das empresas vinculadas à disseminação e tutela da informação. Sem esses mecanismos, a proteção constitucional fica incompleta e o direito à informação tende a não ser plenamente efetivado.

O Direito da Informação

O Direito da Informação sistematiza os princípios e as normas jurídicas da produção, da distribuição e do consumo da informação. Ele complementa o direito à informação uma vez que regulamenta essa prerrogativa democrática.

Uma das ramificações mais importantes do Direito da Informação é o Direito da Informática. Ele normatiza as atividades de rádio e teledifusão, a produção jornalística e editorial, bem como os direitos autorais. O Direito da Informação tem como objeto principal as questões jurídicas decorrentes da utilização intensiva das tecnologias informacionais e os crimes cibernéticos.

Marco Civil da Internet

O Marco Civil da Internet (MCI) visa regular o uso da internet no Brasil. Seu projeto foi criado em 2009 com o objetivo de estabelecer os direitos e deveres de quem usa a rede mundial de computadores, quer como provedor de bens e serviços, quer como consumidor (figura 5).

Até meados de 2013 o projeto tramitou regularmente no Parlamento. Contudo, após a revelação de que o governo e algumas empresas brasileiras (como a Petrobras) estavam sendo espionados pelos Estados Unidos, a presidente Dilma Rousseff declarou que a aprovação do MCI era prioritária para o país. Após diversos debates entre poderes públicos e membros da sociedade civil, em março de 2014 o projeto do MCI foi aprovado pela Câmara dos Deputados e passou a depender da aprovação no Senado e da Presidência da República para entrar em vigor.

Devidamente sistematizado, o MCI regulamenta direitos e garantias dos usuários, dos provedores e da atuação do poder público no ciberespaço. Entre seus princípios estão a liberdade de expressão, comunicação e manifestação de pensamento; a proteção à privacidade e aos dados pessoais; a preservação e garantia da neutralidade da rede etc.

O MCI tem como um de seus princípios ampliar a proteção à privacidade de seus usuários. Hoje, por exemplo, quando uma conta é encerrada em uma rede social, os dados do usuário continuam guardados. Pela atual proposta do MCI, esses dados devem ser excluídos definitivamente, caso seja requerido pelo usuário.

Entre as críticas ao MCI destacam-se a denúncia de que ele limita o direito de resposta e indenização por danos morais, materiais e à imagem. Apesar das críticas, é certo que a existência do MCI representa grande avanço, colocando o Brasil no mesmo patamar de países como a Islândia e os Estados Unidos, nos quais o Direito da Informática é parte constituinte do debate jurídico, político e social.

Figura 5. O Marco Civil da Internet funciona como uma espécie de Constituição da internet.

CAPÍTULO 16

A propriedade intelectual e sua crítica

O Direito de Propriedade Intelectual

O Direito é o sistema de normas criado para regular as relações sociais. Dessa forma, quando as condutas estão em conformidade com as normas jurídicas, os indivíduos não sentem a interferência do Direito em suas vidas. Entretanto, quando as condutas se afastam das prescrições legais, ocorrem sanções.

As leis buscam proteger bens e valores socialmente relevantes. Assim, por exemplo, a vida, a liberdade, a família e a propriedade são instituições protegidas pelo Direito. Uma das expressões do direito de propriedade, que se refere à propriedade intelectual, tem ligações importantes com o direito à informação e com o Direito da Informação (figura 6).

O Direito de Propriedade Intelectual (DPI) é o conjunto de leis que protegem as produções intelectuais. Ele garante aos autores e demais titulares de obras literárias, artísticas e científicas os direitos financeiros sobre suas criações ou interpretações por um determinado período. Após esse período, que pode variar em função da obra criada, ela passa a ser de domínio público e pode ser livremente utilizada por qualquer pessoa.

Figura 6. Ainda que a trama de um livro ou as invenções científicas sejam coisas subjetivas, é possível protegê-las por meio de instrumentos jurídicos. A propriedade intelectual envolve os direitos relativos às invenções de todos os campos das atividades humanas.

O DPI concede aos criadores o poder de controle sobre o uso de seus trabalhos por terceiros, além de garantir-lhes o lucro resultante de suas criações. Assim, esse direito permite equilibrar os interesses privados dos inventores com as necessidades coletivas.

Entretanto, não há consenso sobre as fronteiras entre o que deve ser ou não protegido pelo DPI. A custódia de conhecimentos que envolvem a produção de medicamentos, por exemplo, é denunciada por muitos setores como abusiva, já que se trata de um bem essencial.

O DPI e o progresso científico e tecnológico

Há uma ligação direta entre os conhecimentos "antigos" e a produção de novos saberes. Afinal, todo conhecimento se baseia em ideias preexistentes. Além disso, a propriedade intelectual tem função social. Seguindo esse raciocínio, o DPI não deve ser ilimitado, pois, caso contrário, será um entrave ao desenvolvimento científico e tecnológico. Contudo, na lógica capitalista a inovação das técnicas e saberes faz parte da disputa por lucro. Por esse motivo, a defesa da propriedade intelectual se vale de leis de proteção equivalentes às dos recursos materiais, mesmo que por vezes isso seja prejudicial à sociedade (figura 7).

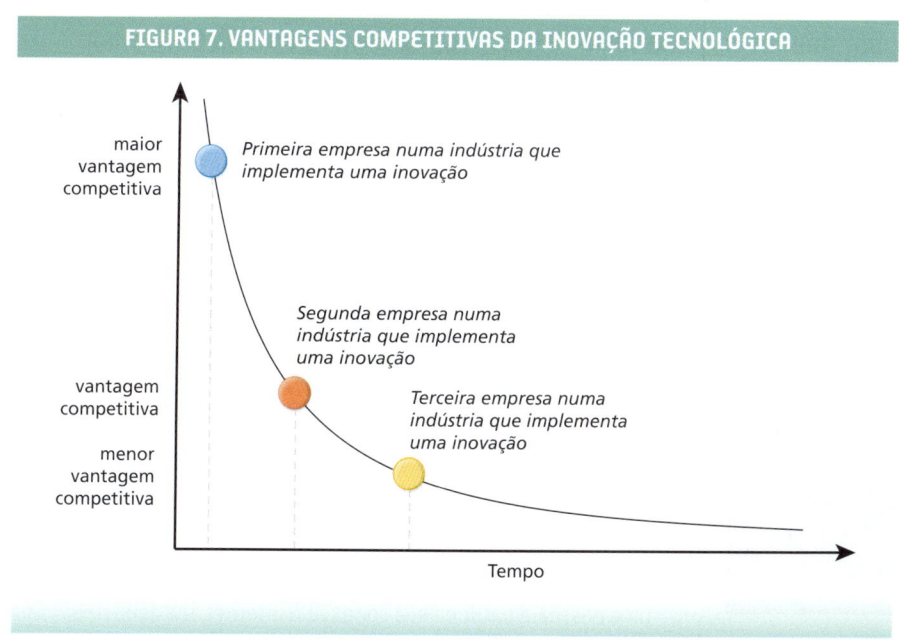

FIGURA 7. VANTAGENS COMPETITIVAS DA INOVAÇÃO TECNOLÓGICA

- maior vantagem competitiva: *Primeira empresa numa indústria que implementa uma inovação*
- vantagem competitiva: *Segunda empresa numa indústria que implementa uma inovação*
- menor vantagem competitiva: *Terceira empresa numa indústria que implementa uma inovação*

Eixo horizontal: Tempo

Fonte: Elaborado com base em: LEVITT, T. Marketing myopia. *Harvard Business Review*. Cambridge: Massachusetts, 1960.

O DPI no Brasil

É importante reforçar que, em geral, o DPI impõe condições e prazos para a proteção das criações humanas. Terminados tais prazos, essas criações passam para o domínio público e podem ser utilizadas sem ônus por qualquer pessoa. No Brasil, o DPI é um gênero que comporta três diferentes espécies: o Direito Autoral, da Propriedade Industrial e os direitos de Proteção *Sui Generis* (especial, único). Ainda que todos os tipos de propriedade tenham sua importância para o entendimento do DPI, nosso foco será sobre o Direito Autoral, já que as TICs tornaram a sua regulação mais complicada.

O ESTRANHO FAMILIAR — A liberdade como valor

É possível que alguém viva sem celular no século XXI? E sem cartões de crédito? O que você diria de alguém que tem aversão ao Facebook? Provavelmente pensaria que é um alienado da Era Digital. Mas essa pessoa existe e é uma personalidade do mundo da computação. Seu nome é Richard Stallman. Ele não tem um *smartphone* porque acredita que a geolocalização dos telefones é uma ameaça à privacidade, e este é apenas um exemplo das suas posições. Durante a 13ª edição do Fórum Internacional de *Software* Livre, em Porto Alegre (RS), ele afirmou que "o que vemos hoje é que a liberdade está sendo atacada de várias maneiras. Talvez tenhamos que diminuir nossa inclusão (digital) para preservar nossas liberdades".

Stallman é considerado o pai do *software* livre e o pioneiro da ideia de *copyleft*. Na década de 1980, quando trabalhava em um laboratório do Instituto de Tecnologia de Massachusetts (MIT, na sigla em inglês), ele usava uma impressora que constantemente apresentava defeitos. Como sabia seu código-fonte e conhecia os detalhes de seu funcionamento, todos os defeitos eram resolvidos por ele. Quando o laboratório comprou uma nova impressora e ela apresentou um problema, ele pediu o código-fonte do equipamento ao fabricante, e a solicitação lhe foi negada. Então, ele se deu conta da injustiça da lógica da propriedade. O único meio de usar as máquinas livremente era desenvolver outro sistema operacional e torná-lo aberto a todos os usuários.

Assim, Stallman criou o sistema operacional GNU e o deixou disponível na internet. A licença criada por ele estabelecia que qualquer pessoa que usasse e/ou modificasse o *software* deveria, em troca, disponibilizar o código do programa aperfeiçoado. Ao fazer isso, ele criou uma alternativa à licença *copyright*, à qual chamou *copyleft*. Dessa forma, permitiu que a inovação tecnológica tivesse a cooperação e a livre circulação do conhecimento como fundamento.

Richard Stallman foi um dos criadores do *copyleft* e do *software* livre.

GLOSSÁRIO

Geolocalização: permite identificar a origem geográfica de uma pessoa a partir de sua conexão à internet, utilizando-se de métodos de identificação via satélites.

Atividade

Em 1976, Bill Gates, cofundador da Microsoft, escreveu uma carta na qual afirmava ser injusto que alguém desenvolvesse um *software* sem ser pago e que o compartilhamento gratuito não incentivaria o desenvolvimento de programas de alta *performance*.

De que maneira a posição de Bill Gates se distancia da defendida por Stallman? Como você imagina que Stallman teria respondido à carta de Gates?

Direito Autoral e a legislação brasileira

O Direito Autoral é aquele que vincula o autor à obra por ele criada. Esse direito protege as expressões humanas veiculadas por quaisquer meios conhecidos (livros, mídias digitais etc.). No Brasil, a Fundação Biblioteca Nacional (FBN) é a instituição responsável pelo registro das obras protegidas por direitos autorais.

Os Direitos de Autor, ou *copyrights*, possuem como titulares pessoas físicas ou jurídicas responsáveis pela criação de novas obras. Nem sempre o autor é o único responsável pela veiculação de sua criação. Para esses últimos, a lei reservou os Direitos Conexos. Os Direitos de Autor e os Conexos são válidos por 70 anos.

Limitações, exceções e críticas ao DPI

Buscando equilibrar os interesses de criadores e consumidores de conhecimento, a legislação estabelece um conjunto de limitações e exceções ao DPI. Isso possibilita ao usuário final beneficiar-se da obra protegida sem a autorização do seu criador. Entre as licenças permitidas estão a cópia de pequenos trechos de uma obra, a citação acadêmica e a execução musical em âmbito privado.

Uma análise comparativa, contudo, revela que a lei autoral brasileira é uma das mais restritivas do mundo, fato que vem suscitando inúmeras críticas. Uma delas opõe autores e detentores de Direitos Conexos. Muitos autores contestam contratos que consideram abusivos. Diante das grandes empresas de difusão científica, artística e cultural, eles alegam que sua remuneração não é proporcional ao esforço realizado no processo criativo.

Outra crítica frequente diz respeito à debilidade na fiscalização dos direitos autorais. A luta contra a pirataria une autores e detentores de Direitos Conexos contra a rede de reprodução ilícita de suas obras (figura 8).

Há também posições políticas e sociais muito claras contra os direitos autorais. Entre elas destaca-se o *copyleft*, termo criado pelo programador Don Hopkins e popularizado pelo ativista Richard Stallman, fundador do Movimento *Software* Livre.

O *copyleft* difere do domínio público porque não cessa os vínculos entre o autor e os detentores de Direitos Conexos com a obra criada, mantendo sua distribuição. Uma obra sob licença *copyleft* requer que suas modificações sejam livres e que essa liberdade seja passada adiante, permitindo que qualquer pessoa possa copiá-la ou modificá-la para uso próprio. Uma obra de domínio público pode ser obtida e reproduzida, mas não pode ser modificada.

Rompendo com a visão mais tradicional do DPI, o *copyleft* tem atraído vários criadores, em particular artistas (na maioria músicos e bandas) e programadores de *softwares*. Os que optam pela licença *copyleft* geralmente querem uma alternativa legal para não sofrer os abusos impostos pelo DPI, sem se vincular à pirataria e a outros atos ilegais. Essas pessoas buscam agregar-se a parceiros economicamente desinteressados ao seu processo criativo, de modo que suas obras sejam democratizadas e continuamente transformadas.

Multimídia interativa
Informação: acesso e controle

Figura 8. O fácil acesso a filmes e outros bens protegidos pelo DPI, por meio da internet, gera debates entre o limite dos direitos autorais e a livre circulação de conteúdos no ciberespaço. Os ganhos desproporcionais de criadores e distribuidores mostram que a questão envolve muitos interesses.

ATIVIDADES

REVISÃO E COMPREENSÃO

1. O que é o Direito da Informação?

2. O direito à informação pode ser considerado superior a outros tipos de direitos, como o direito à privacidade? Justifique sua resposta.

3. Apresente um argumento concreto que confirme a importância de se defender o livre acesso à informação.

4. O que é o Direito de Propriedade Intelectual (DPI) e qual é sua importância para o estabelecimento da legalidade?

5. No Brasil, a entidade responsável pelo registro das obras tuteladas pelo Direito Autoral é:
    a) a Fundação Biblioteca Nacional (FBN).
    b) o Ministério da Educação (MEC).
    c) a Delegacia de Polícia (DP).
    d) a Caixa Econômica Federal (CEF).
    e) a Central de Registro de Documentos (Cerd).

6. Descreva a função e os limites do Direito de Propriedade Intelectual levando em conta o interesse coletivo.

INTERPRETAÇÃO E PRÁTICA

7. Observe o cartum a seguir e escreva um texto fazendo uma análise dos direitos autorais, *copyright* e *copyleft*.

8. Observe a imagem.

No Brasil, o Direito da Informação tem como fundamento maior:
a) a Constituição Federal.
b) a Lei de Imprensa.
c) o Código Penal.
d) o Código Civil.
e) a Lei de Informática.

EXPLORANDO O COTIDIANO

9. Nesta unidade, estudamos as relações entre sociedade, direito e informática, com destaque para o Direito da Informação, o Marco Civil da Internet, o Direito de Propriedade Intelectual, o *copyright* e o *copyleft*.

    É possível que você e seus amigos tenham o hábito de fazer *downloads* de arquivos de músicas, filmes ou programas pela internet. Em algum momento, devem ter visto a seguinte frase:

    "Devido a uma queixa que recebemos de acordo com a lei americana *Digital Millennium Copyright Act* (Lei de Direitos Autorais do Milênio Digital), 1 resultado(s) foram removidos desta página."

    Se essa frase apareceu, o conteúdo procurado está protegido por direitos autorais e não é possível baixá-lo sem autorização. Quem o fizer estará sujeito às sanções legais.

    Faça uma pesquisa na internet sobre os conteúdos que têm *copyright* e os que têm *copyleft*. Podem ser pesquisados, por exemplo, músicas, filmes, jogos etc. Apresente os resultados para a turma. Converse com os colegas sobre as implicações do DPI para os autores e a sociedade.

VISÕES DE MUNDO

Você já compartilhou arquivos de vídeo ou áudio pela internet? Sabia que existe uma discussão sobre a criminalização dessa prática? Esta não é uma discussão que ocorre apenas no Brasil. Em quase todo o mundo há debates sobre o controle da troca de arquivos de áudio e vídeo pela rede. De um lado, usuários e criadores de sites de compartilhamento e, do outro, artistas e empresas de comunicação e entretenimento.

Portugal decide: baixar músicas e filmes não é crime

"O Ministério Público de Portugal decidiu: não há nada de ilegal em compartilhar músicas e filmes para internet.

A decisão é uma derrota séria para a Associação do Comércio Audiovisual de Obras Culturais e de Entretenimento de Portugal (Acapor), entidade que representa a indústria cultural no país.

A entidade havia apresentado no início do ano passado uma queixa contra duas mil pessoas que compartilhavam filmes ilegalmente via P2P. A reclamação fez barulho.

E agora a decisão saiu: para o Ministério Público português, os dois mil acusados não cometeram crime algum. 'Do ponto de vista legal, ainda que colocando-se neste tipo de redes a questão do utilizador agir simultaneamente no ambiente digital em sede de *upload* e *download* dos ficheiros a partilhar, entendemos como lícita a realização pelos participantes na rede P2P para uso privado', diz o MP.

A decisão deve orientar outros casos em Portugal.

Para as autoridades, é impossível investigar *downloads* na internet apenas com o número do IP, já que o número que representa a conexão não identifica necessariamente o indivíduo que a está utilizando naquele momento.

Segundo o MP português, porém, a queixa da Acapor tem o seu valor: ela ajudaria a alertar sobre a necessidade de se repensar as leis de direitos autorais na era digital. Mas, segundo as autoridades, a lei só deve ser aplicada se também garantir o direito à educação, cultura e liberdade na internet. 'Especialmente quando tal liberdade se cinge ao individual nada se relacionado com questões comerciais, com o lucro de atividade mercantil', diz a decisão.

'Quem vai querer alugar um DVD se pode na mesma hora sacá-lo da internet e vê-lo, sem pagar nada a ninguém, tudo na máxima legalidade?

GLOSSÁRIO

P2P: na sigla em inglês *peer-to-peer* (ponto a ponto). Formato de rede no qual as funções convencionais de rede são descentralizadas. O computador de cada usuário conectado realiza funções de servidor e de cliente ao mesmo tempo. Seu principal objetivo é a transmissão de arquivos, e seu surgimento possibilitou o compartilhamento em massa de músicas e filmes.

Ou seja, em Portugal, na realidade, quem paga para ter DVDs, CDs, livros, videojogos, programas informáticos, ou é estúpido ou é benemérito. O problema é que a indústria depende dos estúpidos e dos beneméritos para continuar o seu caminho', questiona a Acapor, em uma nota oficial.

'Tenho dificuldade em perceber como é que se pode fazer uma partilha para uso privado. É um conceito que não entendo', disse o diretor da Acapor, Nuno Pereira. A entidade já pediu a nulidade da decisão."

DIAS, T. de M. Portugal decide: baixar músicas e filmes não é crime. *O Estado de S. Paulo*, São Paulo, 27 set. 2012. Disponível em: <blogs.estadao.com.br/tatiana-dias/portugal-decide-baixar-musicas-e-filmes-e-legal>. Acesso em: 3 abr. 2014.

Atividades

OBTER INFORMAÇÕES

1. Qual é o assunto do texto?
2. O que motivou a decisão do Ministério Público de Portugal?

INTERPRETAR

3. Por que o MP em Portugal considerou que baixar músicas e filmes não é crime?
4. Por que a Acapor não concorda com a decisão?

REFLETIR

5. Hoje em dia é muito comum baixar e compartilhar arquivos pela internet. Converse com seus colegas se essa atitude deve ou não ser considerada crime.

DIREITO É DIREITO

Copyright, *copyleft* e difusão da informação: de que lado você fica?

A propriedade intelectual é regulada por diversas legislações. Em 2011, foi promulgada a lei que alterou diversos artigos da legislação anterior, de 1998, com o objetivo de adaptá-la aos novos contextos oriundos da expansão da internet no Brasil. Paralelamente, um debate vem sendo travado na sociedade. De um lado, os defensores do *copyright* e, de outro, os adeptos do *copyleft*.

Copyrights são os direitos exclusivos de um autor ou empresa sobre sua obra. A difusão só pode ocorrer, mesmo que sem fins comerciais, a partir de expressa autorização, sem a qual o compartilhamento, a divulgação ou a alteração para quaisquer fins podem ser considerados crimes. Essa interpretação é muito defendida pelas empresas de comunicação, entretenimento e pela indústria fonográfica e tem procurado estabelecer limites cada vez mais rígidos para a difusão de obras pela internet.

E em oposição à lógica do *copyright* há o *copyleft*. Este pode ser entendido como um registro que autoriza a utilização, a modificação e a difusão de uma obra sem a necessidade de autorização expressa do autor. O registro da obra na rede (como *software* livre) possibilita esse uso. Segundo seus defensores, assim se permite que uma obra possa ser adaptada, alterada e corrigida pelos usuários, o que rompe com a ideia de que conhecimento é mercadoria.

Os defensores do *copyright* alegam que a remuneração reconhece o valor da obra e incentiva a continuidade da produção. Os defensores dos *copyleft* apontam que o conhecimento deve ser compartilhado e construído coletivamente, o que efetiva o direito à informação.

Reflexão

Converse com seus colegas, pesquise e reflita sobre a posição que você considera mais correta diante do debate travado nesta unidade.

Direito do artista ou direito de distribuição. *Copyright* ou *copyleft*?

INDICAÇÕES

Para ver

▶ **La educación prohibida**

Direção: Germán Doin. Argentina, 2012.

Documentário criado e desenvolvido por estudantes argentinos com base nas referências do *copyleft*. Foram 704 coprodutores de oito países diferentes envolvidos na elaboração do projeto, financiado coletivamente e com distribuição livre. O documentário já contava com quase 9 milhões de exibições *on-line* e mais de um milhão de *downloads* até janeiro de 2014.

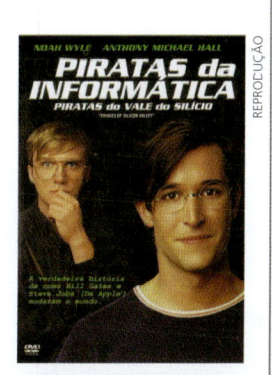

▶ **Piratas da informática**

Direção: Martyn Burke. Estados Unidos, 1999.

O filme trata das transformações ocorridas com a revolução tecnológica, acompanhando a trajetória pessoal e profissional de Steve Jobs e Bill Gates.

▶ **A janela secreta**

Direção: David Koepp. Estados Unidos, 2004.

Depois de problemas em um relacionamento pessoal, o escritor encontra uma de suas histórias de vida no livro de outro autor. Nessa situação, ele levanta a ideia de ter sido copiado. O filme questiona os direitos da propriedade intelectual.

Para ler

▶ ***Software* livre: a luta pela liberdade do conhecimento**

Sergio Amadeu da Silveira. São Paulo: Fundação Perseu Abramo, 2004.

O livro aborda os principais aspectos técnicos, históricos e políticos que permeiam a proposta do *software* livre e gratuito, além da iniciativa do *copyleft*, em oposição à dinâmica dos *copyrights*.

Para navegar

▶ **Cartilha de *Software* Livre**

<http://carlosgrohmann.com/downloads/cartilha_v.1.1.pdf>

Cartilhas organizadas pelo Instituto Nacional de Tecnologia da Informação e pelo Projeto *Software* Livre Bahia, que dão as principais informações sobre projetos de desenvolvimento de *softwares* livres e gratuitos no Brasil e no mundo. Além de oferecer informações gerais, as cartilhas fornecem dados históricos e políticos relevantes para o melhor entendimento do tema.

▶ **Creative Commons Brasil**

<http://creativecommons.org.br>

Portal oficial do Creative Commons Brasil, em que se explicam suas principais propostas de ação. É possível acessar documentos e cartilhas com suas publicações e discussões oficiais e acompanhar notícias relativas à temática no *blog* oficial.

▶ **Fundação Biblioteca Nacional**

<www.bn.br/portal>

O *site* da FBN é uma grande fonte de pesquisa nas Ciências Sociais, já que seu acervo bibliográfico é um dos maiores do Brasil. Sobre a questão dos direitos autorais é particularmente importante a aba "Serviços a profissionais", que disponibiliza *links* como o escritório de direitos autorais e o consórcio de bibliotecas. Uma visita ao *site* também pode estimular estudantes e professores a visitar a Biblioteca Nacional, um espaço belíssimo no centro do Rio de Janeiro.

UNIDADE 9
CIÊNCIAS SOCIAIS E TECNOLOGIA

De 1914 a 1945, período entre o início da Primeira Guerra Mundial (1914-1918) e o fim da Segunda (1939-1945), a humanidade presenciou a maior de suas revoluções tecnológicas, fruto de trabalhos e estudos acumulados, realizados por diferentes profissionais e em momentos históricos diversos. Os radares, por exemplo, foram aperfeiçoados por cientistas estadunidenses para serem empregados nas batalhas. Eles utilizavam tecnologia ligada a micro-ondas eletromagnéticas, descobertas por físicos britânicos. Além de em fornos e radares, essas micro-ondas são usadas também em sistemas de telecomunicações, como transmissões por satélite e telefonia celular.

Nesse contexto, o físico alemão Albert Einstein refletiu sobre a relação entre tecnologia e sociedade: "O progresso tecnológico resulta frequentemente em mais desemprego, não no alívio do fardo da carga de trabalho para todos".

Começando a unidade

O avanço da tecnologia realmente depende de formas interativas e compartilhadas de conhecimento? Quantas pessoas são necessárias para que se possa desenvolver uma vacina, um telefone celular ou uma máquina capaz de extrair petróleo do oceano? De que forma essas pessoas trabalham juntas?

Na foto maior, teste nuclear promovido pelos Estados Unidos no Atol de Bikini, no Oceano Pacífico (1946). Acima, tratamento médico de paciente com radioterapia, em Dresden (Alemanha, 2010).
A tecnologia faz parte da dinâmica do momento histórico e cultural de cada sociedade; seus objetivos dependem das conquistas e dos conflitos sociais.

Objetivos da unidade

Ao final desta unidade, você poderá:
- Compreender o caráter social da ciência e da produção social do conhecimento científico.
- Identificar formas de expressão da Inteligência Coletiva em nossa sociedade.

CAPÍTULO 17
Sociologia da Ciência, conhecimento e novas tecnologias

GLOSSÁRIO

Ethos: são comportamentos que caracterizam um grupo social, os processos culturais; a identidade social de seus membros.

Generalista: pessoa ou pensamento cujos conhecimentos e interesses se estendem a vários campos, sem se limitar a uma especialização.

Figura 1. A pesquisa científica na área biomédica não pode ser desvinculada dos interesses comerciais das empresas do setor, apesar do rigor da pesquisa e do compromisso social dos pesquisadores.

As Ciências Sociais e a Sociologia da Ciência

Não é comum que as pessoas parem para pensar sobre as influências da pesquisa científica no cotidiano. Entretanto, a produção do conhecimento e os avanços tecnológicos também são parte da vida social. Assim, os cientistas sociais têm interesse em estudar o **fazer científico**. Essa especialidade das Ciências Sociais é chamada de **Sociologia da Ciência**.

A ciência como conhecimento puro

A primeira perspectiva que vamos discutir é a que considera que o cientista, no seu fazer científico, deve apresentar um *ethos* que possui quatro características: universalismo, comunismo, desinteresse e ceticismo organizado.

Universalismo, para o saber científico, significa que a produção de conhecimento deve ser impessoal e generalista. Tem como princípio sustentar características comuns em todos os espaços sociais, sem fazer distinções baseadas nas culturas locais. **Comunismo** indica que as conquistas científicas são uma construção social e devem atender predominantemente aos interesses da sociedade, não aos de grupos particulares. **Desinteresse** significa que as motivações e os interesses pessoais dos cientistas devem ser deixados de lado para dar lugar ao interesse universal da ciência. **Ceticismo organizado** refere-se ao fato de que todos os resultados obtidos devem ser testados e validados pela comunidade científica.

Segundo essa perspectiva, há somente uma maneira de se fazer ciência que torna a produção do conhecimento científico independente de questões sociais e políticas. Os lucros da indústria, os investimentos públicos em pesquisas etc. não podem ser preocupações do pesquisador.

Uma das críticas a essa perspectiva afirma que a neutralidade científica absoluta é impossível. No momento da produção do conhecimento, os pesquisadores não conseguem se desvincular completamente de seus interesses pessoais ou da força das instituições sociais com as quais estão envolvidos. Isso ocorre porque as instituições (estatais ou privadas) que custeiam as investigações têm seus interesses, e eles não podem ser ignorados pelo pesquisador (figura 1).

Do mesmo modo, quando um cientista social investiga as condições de existência de um grupo específico, ele não pode se isentar inteiramente do seu ponto de vista, das características que definem sua identidade, do seu *ethos*. A neutralidade absoluta se mostra um ideal inalcançável, já que a inserção social do pesquisador influencia, por exemplo, a escolha do objeto e dos critérios de análise dos dados da pesquisa.

A ciência como conhecimento cíclico

Uma segunda maneira de compreender a produção social do conhecimento científico propõe que seu desenvolvimento seja cíclico, caracterizado por um movimento de superação de teorias estabelecidas.

Cada conceito e teoria compartilhados por uma comunidade científica é um **paradigma**. Em uma perspectiva cíclica, os paradigmas são superados por outros. Isso significa que as teorias científicas são constantemente substituídas por novas, que partiram de um conceito preexistente e evoluíram com base nele.

No caso das Ciências Sociais, as transformações na realidade social, como a disseminação das tecnologias da informação nas últimas décadas, produzem novas interpretações sobre as relações sociais e suas estruturas. O conceito de interação social, como já vimos, foi ressignificado pelas análises mais atuais, já que os grupos sociais virtuais têm características especiais, como a diminuição da importância do lugar físico e da família, para o estabelecimento dos laços sociais.

Outro exemplo é o debate sobre a situação social dos negros no Brasil. Por volta dos anos 1930, foi estabelecida uma interpretação das relações raciais que considerava que as diferentes raças conviviam harmoniosamente. Era o paradigma — hoje tratado como mito — da democracia racial. A partir dos anos 1960, pesquisas demonstraram que isso não correspondia à realidade brasileira. Constatou-se que a condição social dos negros é pior que a dos brancos. O novo paradigma é a desigualdade racial.

Casos como esse evidenciam a forma como a pesquisa e a interpretação rigorosa dos dados podem transformar o conhecimento científico. É importante ressaltar que as Ciências Sociais e Humanas, em geral, trabalham com vários modelos de explicação, com diferentes paradigmas. Isso significa que elas aceitam diferentes interpretações da realidade simultaneamente. Cada modelo de explicação conta com uma parte da comunidade científica para sustentar sua interpretação da realidade social (figura 2).

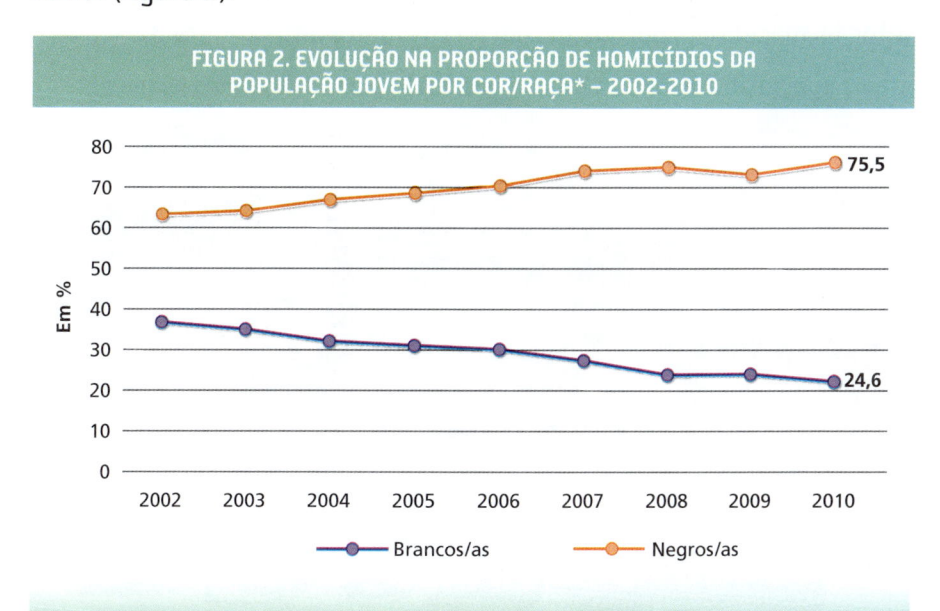

FIGURA 2. EVOLUÇÃO NA PROPORÇÃO DE HOMICÍDIOS DA POPULAÇÃO JOVEM POR COR/RAÇA* – 2002-2010

* A publicação considera a categoria *negros* a somatória de *pretos* e *pardos*.

Fonte: WAISELFISZ, J. J. *Mapa da violência 2012: a cor dos homicídios no Brasil.* Rio de Janeiro: Cebela/Flacso, 2012. p. 10. Disponível em: <www.mapadaviolencia.org.br/pdf2012/mapa2012_cor.pdf>. Acesso em: 22 abr. 2014.

A ciência como campo de lutas

Uma terceira forma de compreender a produção do conhecimento científico considera que a ciência constitui um **campo de lutas**. Nesse sentido, a ciência é uma expressão social. A escolha do objeto a ser pesquisado, a instituição que desenvolverá a pesquisa, o órgão financiador e o meio de divulgação dos resultados são influências importantes no processo de produção do conhecimento.

A ciência pode legitimar o poder de grupos dominantes que obtêm prestígio e reconhecimento social por meio das pesquisas. O contrário também acontece, quando esses grupos determinam o que é válido ou não como pesquisa científica. Há elementos econômicos, culturais e políticos que articulam a produção de conhecimento e informação.

Por exemplo, se um instituto de pesquisa descobrir e divulgar para a sociedade que determinado medicamento ou alimento bem estabelecido no mercado é nocivo à saúde, o fabricante terá prejuízo e, por isso, tentará desqualificar esse estudo.

A Organização Mundial de Saúde (OMS) chama de "doenças negligenciadas" um conjunto de enfermidades que, apesar de atingirem milhões de pessoas em todo o mundo, não fazem parte dos investimentos das grandes indústrias farmacêuticas.

Por que isso acontece? A maior parte das doenças negligenciadas atinge pessoas pobres que habitam países periféricos. Não é vantajoso, do ponto de vista econômico, que o laboratório privado desenvolva produtos para um mercado formado por indivíduos que não poderão pagar por eles. Em outras palavras, ainda que cerca de 40% da população do planeta corra o risco de ser atingida por uma doença negligenciada, apenas 1,3% dos medicamentos desenvolvidos entre 1975 e 2004 estava relacionado ao combate dessas doenças. Exemplos importantes de doenças negligenciadas são: malária, dengue, doença de Chagas, esquistossomose, hanseníase, leishmaniose, raiva, entre outros. Por outro lado, o desenvolvimento de medicamentos para combater a calvície, a impotência sexual ou o transtorno de déficit de atenção são sempre objeto de novas pesquisas do setor farmacêutico, porque geram lucros muito altos (figura 3).

Figura 3. A pesquisa científica não é neutra e imparcial. A ciência pode ter um caráter de conservação, atendendo aos interesses da classe dominante. A figura ao lado representa a classe ou instituição dominante na relação com o pesquisador, impedindo a visão, a fala e a audição.

As pesquisas sobre os impactos das TICs na vida social também possuem diferentes interpretações. Um exemplo é a reestruturação nos processos de produção, que pode ser analisada pela perspectiva das empresas e das teorias políticas e econômicas que as corroboram. Do ponto de vista do lucro, é positivo que os avanços tecnológicos propiciem grande aumento na produção, com o consequente aumento dos lucros das empresas e o crescimento econômico dos países-sede.

Por outro lado, esse processo também pode ser analisado pelo ponto de vista dos trabalhadores e de teorias políticas e econômicas que percebem problemas em sua efetivação. Dessa posição a reestruturação produtiva será vista também pelos problemas sociais que acarreta, como aumento do desemprego, precarização do trabalho, ampliação da desigualdade social e dos problemas ambientais etc.

As teorias científicas que sustentam cada uma das posições assumidas representam valores e interesses de grupos sociais opostos.

Ciências Sociais e tecnologia

Perceber o conhecimento científico como resultado de métodos rigorosos de investigação, como conhecimento mutável e resultado de disputas e conflitos é essencial para que possamos entender o papel das Ciências Sociais na análise das transformações tecnológicas das últimas décadas. A expansão das tecnologias da informação, da reestruturação produtiva e da globalização envolve pesquisas científicas influenciadas por diversos fatores que devem ser avaliados dentro do contexto social, econômico, político e cultural em que foram produzidas.

Consideremos, por exemplo, a difusão das redes sociais digitais. Para alguns pesquisadores, essas redes têm o potencial de ampliar significativamente as formas de participação na vida pública. Dessa maneira, elas podem ser um caminho possível para que a sociedade fiscalize e controle a ação de seus representantes. Para outros pesquisadores, no entanto, elas reproduzem formas de comportamento individualistas e centradas no consumo exagerado, principalmente no que diz respeito aos produtos e serviços fornecidos por grandes empresas que financiam a produção dessas tecnologias (figura 4).

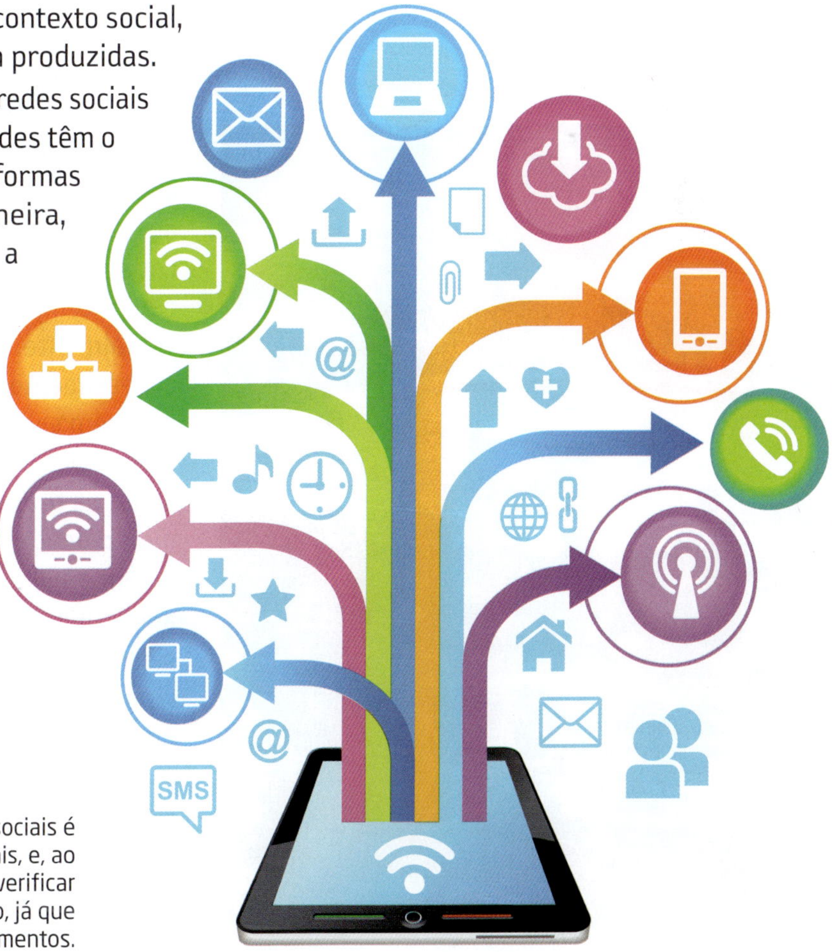

VLADGRIN/SHUTTERSTOCK

Figura 4. O crescimento das redes sociais é objeto de estudo das Ciências Sociais, e, ao mesmo tempo, essas redes permitem verificar como o conhecimento é produzido, já que reproduzem e ressignificam comportamentos.

CAPÍTULO 18

A Inteligência Coletiva

Uma forma plural e dinâmica de construção do pensamento

O crescimento da utilização de computadores pessoais, aliado ao rápido desenvolvimento tecnológico, permitiu a comunicação entre os indivíduos por meio de redes. Nelas, a conexão entre diferentes aparelhos estabelece o contato entre um grande número de pessoas.

O espaço cibernético permite enviar mensagens, realizar conferências, acessar informações, bem como consolidar a construção de conhecimentos com base em novas diretrizes (figura 5).

Dentro dessa nova lógica de relações sociais desenvolvidas pelo aparato tecnológico, a produção do conhecimento sofre intensas transformações. O que antes era um espaço restrito a indivíduos considerados capacitados pela formação erudita, agora se torna um **ambiente plural**, marcado pela troca de experiências e pela participação mais ampla da sociedade. Esse princípio é chamado de **Inteligência Coletiva**, nome que remete à produção compartilhada e mais ampla na produção de conhecimento.

Figura 5. Reunião do Comitê do Fundo Monetário Internacional com uso de teleconferência, em Washington, D.C. (Estados Unidos, 2011). Tal recurso é cada vez mais comum nas esferas governamentais, empresariais e até mesmo educacionais.

A Inteligência Coletiva pode ser entendida como um conjunto de saberes espalhado por todas as partes e à disposição de todos, construído em tempo real e dotado de grande diversidade de competências. O conhecimento de cada indivíduo, ao ser compartilhado, entra em contato com inteligências diversas e promove saberes que, individualmente, não seriam alcançáveis. A ideia de limitar o conhecimento ao particular é descartada. Considerando que ninguém sabe tudo, mas que todos sabem alguma coisa, a única forma de construir um conhecimento capaz de dar conta da diversidade existente no mundo é o compartilhamento de ideias e saberes.

Por meio dessa **cooperação intelectual**, facilitada pela ampla utilização da internet e do ciberespaço, há maiores possibilidades para a produção de ações coletivas. As facilidades no estabelecimento de diálogos acabam por consolidar um ambiente propício para a realização de constantes debates públicos sobre uma variedade de temas locais e globais. Cada indivíduo tem autonomia para participar do processo de criação do conhecimento, compartilhando o que sabe e tendo acesso ao resultado final desse acúmulo de saberes individuais. Essa diferença é a Inteligência Coletiva.

A Inteligência Coletiva foi classificada pelo filósofo francês Pierre Levy em três modelos:

- a **inteligência conceitual**, que envolve aspectos abstratos e não materiais, como o campo das artes;
- a **inteligência técnica**, promovida por elementos concretos e objetos palpáveis, como o conhecimento oriundo da engenharia;
- a **inteligência emocional**, concebida no interior das relações humanas e baseada nos laços promovidos pelas diversas formas de interações e sentimentos desenvolvidas pela ética e pela moral.

Desafios para a construção da Inteligência Coletiva

Como todo processo de produção de conhecimento, a ideia de Inteligência Coletiva também encontra críticas e ressalvas. Os conhecimentos produzidos no ciberespaço são os mais controversos. Esse é o aspecto que suscita mais polêmica em relação à Inteligência Coletiva.

Validação do conhecimento coletivo

A ausência de uma certificação formal na construção do conhecimento coletivo elimina um dos critérios de validação social do produto de seu trabalho. Falta à ciência produzida fora do ambiente acadêmico a **legitimidade** ou crença social. Isso ocorre porque o conhecimento informal não é corroborado por nenhuma instituição aceita socialmente como centro de produção científica.

Cientistas, filósofos, pensadores e intelectuais têm uma função especializada, um papel social reconhecido por produzir saberes. Os conhecimentos produzidos por esses indivíduos são reconhecidos e respeitados pelos que não são especialistas, simbolicamente impedidos de produzi-los por, supostamente, não terem propriedade intelectual para fazê-lo de maneira adequada.

Com as transformações sociais da atualidade, a possibilidade de um número crescente de pessoas fazer parte da produção de conhecimento tem sido mais aceita socialmente. O resultado dessa produção, no entanto, traz dúvidas sobre os critérios de aceitação da produção como conhecimento socialmente legitimado.

Exclusão digital

Outra questão a ser levantada refere-se à **exclusão digital**. Existe, ainda hoje, uma parcela considerável da população mundial que não tem acesso aos computadores e à internet. Isso significa que essas pessoas não estão participando desses conhecimentos compartilhados (figura 6).

Pode-se argumentar que outras formas de conhecimento, como o acadêmico, também não conseguiram construir meios abrangentes de produção e divulgação de seus resultados. A academia ainda é, de maneira geral, um ambiente elitizado. Contudo, isso não pode justificar a desigualdade no acesso ao conhecimento.

Figura 6. A charge apresenta, de maneira irônica, diferentes questionamentos sobre a possibilidade de se pensar a inclusão digital na realidade brasileira.

Controle da internet

Um terceiro elemento a ser problematizado é o controle exercido na internet. Ao contrário de uma impressão difundida, segundo a qual a internet seria um espaço livre e democrático por natureza, podemos identificar poucos e grandes grupos que dominam o espaço cibernético. Basta observar as campanhas publicitárias e os produtos que dificultam a transmissão de outros conteúdos. É necessário destacar que quase ninguém sabe, ao certo, até que ponto a privacidade e a intimidade são resguardadas no ciberespaço. Informações veiculadas na mídia e estudos recentes indicam que a internet é um espaço extremamente monitorado por governos e corporações, sendo, portanto, mais um mecanismo de controle sobre a liberdade individual e a produção do conhecimento.

Intolerância cultural

Por fim, destaca-se outro grande desafio à lógica da produção do conhecimento coletivo: a dificuldade de aceitar como legítimos os saberes de outra cultura. A questão da intolerância à diversidade cultural, que causa conflitos de diversas naturezas, racismo e xenofobia, é um grande obstáculo para o desenvolvimento da Inteligência Coletiva.

O saber coletivo é pautado na necessidade de compartilhar diferentes experiências e é enriquecido pelo exercício de reconhecer o valor da produção de outros grupos. Só é possível promover a Inteligência Coletiva por meio do respeito à complexidade das experiências e dos saberes desenvolvidos nos diferentes agrupamentos sociais.

Exemplos práticos da aplicação do conceito de Inteligência Coletiva

Muitos são os esforços para a realização de trabalhos coletivos na internet. Os resultados vão surgindo, sempre seguindo a lógica do dinamismo e da participação irrestrita de indivíduos, em modelos horizontais de gestão.

Enciclopédia livre

A experiência mais concreta do ideal de Inteligência Coletiva é a enciclopédia digital. A Wikipédia, por exemplo, se autodefine como "a enciclopédia livre que todos podem editar". Ela segue os moldes das enciclopédias tradicionais, que já tinham o objetivo de apresentar o acúmulo do conhecimento humano da forma mais universal possível. Entretanto, a enciclopédia livre estabeleceu um ambiente no qual todos podem contribuir com seus conhecimentos.

Essa experiência sabota a exclusividade de algumas editoras e seus especialistas na produção dessas obras, já que qualquer usuário pode escrever um artigo sobre determinado assunto. Além disso, já que é possível escrever de qualquer lugar, a enciclopédia livre promove o intercâmbio cultural. Há, por exemplo, artigos sobre ritos religiosos de diversas regiões do mundo, escritos por seus habitantes e praticantes, desprovidos da visão ocidentalista tipicamente acadêmica.

Crowfunding e crowdsourcing

Outra tendência da Inteligência Coletiva são *sites* baseados na ideia do *crowd* (do inglês: multidão). Plataformas como *crowdfunding* e *crowdsourcing* crescem exponencialmente.

No **crowdfunding**, um projeto é apresentado ao público a fim de arrecadar fundos para sua produção por meio de doações coletivas. No **crowdsourcing**, todos podem criar soluções, conteúdos e desenvolver novas tecnologias. Esse tipo de iniciativa se espalha pela rede em uma velocidade cada vez maior. Acompanhar e avaliar o desenvolvimento e o impacto dessas novas tendências também é um desafio que agora se apresenta ao conjunto das Ciências Sociais.

O ESTRANHO FAMILIAR
Enciclopédia livre pode ser "tão precisa" quanto tradicional

A revista científica *Nature* examinou e comparou verbetes científicos em inglês (definições de conceitos, personalidades científicas, fatos acadêmicos relevantes etc.) da Wikipédia e da *Enciclopédia Britânica*. A conclusão é bastante interessante: há poucas diferenças na precisão das definições nas duas fontes, apesar de a primeira ser escrita livre e coletivamente e a segunda ser elaborada por especialistas.

A enciclopédia *on-line* é baseada em *wikis*, um tipo de *software* de código aberto que permite que qualquer pessoa trabalhe em uma plataforma. Qualquer leitor pode discordar, editar, adicionar dados, apagar ou substituir o verbete.

Para testar sua confiabilidade, a *Nature* realizou uma comparação dos verbetes científicos da Wikipédia e da *Enciclopédia Britânica* e afirmou que ocorreram apenas oito erros sérios, como interpretações equivocadas de conceitos importantes. O mais interessante é que esses erros foram detectados nas duas enciclopédias, quatro em cada uma. Em erros relativos a fatos, omissões ou declarações equivocadas, os números também são próximos: 162 na Wikipédia e 123 na *Enciclopédia Britânica*.

Atividade

Divididos em trios, escolham um verbete em língua portuguesa ligado às Ciências Sociais e definido na Wikipédia (pode ser o nome de um autor, um conceito das Ciências Sociais etc.) e comparem com uma descrição presente em outra referência escolar ou acadêmica: livros didáticos, dicionários de Ciências Sociais, revistas *on-line* especializadas, enciclopédias impressas, entre outras.

A partir de 2010, a *Enciclopédia Britânica* deixou de ter uma versão impressa para ser disponibilizada apenas na versão *on-line*. Diante da praticidade do acesso à informação e da concorrência da Wikipédia, os lucros da versão impressa da mais importante enciclopédia do mundo foram bruscamente reduzidos.

ATIVIDADES

REVISÃO E COMPREENSÃO

1. De acordo com o que vimos nesta unidade, podemos afirmar que a ciência é neutra? Justifique.

2. Sobre a ciência como conhecimento puro, podemos dizer que:
   a) O fazer científico deve ser produzido com base nas características específicas de cada contexto social, já que o conhecimento científico varia de acordo com a cultura de cada sociedade.
   b) Uma das características fundamentais para o *ethos* científico é o comunismo, já que a produção científica no capitalismo acaba sendo influenciada por interesses econômicos.
   c) O universalismo é uma característica fundamental para o fazer científico, já que o cientista deve se manter neutro em relação às possíveis influências externas.
   d) A produção científica tem por natureza a necessidade de o cientista solucionar questões particulares, uma vez que cada um deve buscar satisfazer seus próprios interesses.
   e) Refere-se à necessidade de o cientista deixar de lado suas influências étnicas, tendo em vista que a ciência é uma importante ferramenta na luta contra o preconceito e a discriminação.

3. O que é a Inteligência Coletiva?

INTERPRETAÇÃO E PRÁTICA

4. Leia o texto e observe a ilustração da página ao lado.

    "Com cerca de R$ 30, é possível adquirir o material básico para montar uma luneta astronômica capaz de fazer observações como aquelas com as quais Galileu, há 400 anos, ajudou a comprovar a teoria heliocêntrica de Copérnico: bastam alguns encaixes feitos com tubos e conexões de PVC e duas lentes convergentes. Ao longo desses quatro séculos de observações, entretanto, ganharam proporções astronômicas os custos de montagem dos telescópios, cada vez mais sofisticados e gigantescos – tanto quanto requer a sofisticação cada vez maior do conhecimento científico sobre o espaço. Para viabilizar grandes projetos, são comuns as parcerias internacionais, algumas delas com importante participação de instituições brasileiras.

    A mais significativa, em termos de investimento do Brasil na construção e no uso de observatórios, é o Southern Astrophysical Research Telescope (Soar) [...]. Três instituições dos Estados Unidos são parceiras nesse empreendimento: o National Optical Astronomy Observatory, a Universidade da Carolina do Norte e a Universidade Estadual de Michigan. O Brasil, com recursos do CNPq (Conselho Nacional de Desenvolvimento Científico e Tecnológico), entrou com pouco mais de um terço do custo de construção, estimado em US$ 28 milhões, o que dá aos pesquisadores brasileiros o direito a um tempo de uso do telescópio proporcional ao investimento do país."

    CUNHA, R. O astronômico investimento na pesquisa espacial. *ComCiência*, Campinas, n. 112, 2009. Disponível em: <comciencia.scielo.br/scielo.php?script=sci_arttext&pid= S1519-76542009000800003&lng=en&nrm=iso>. Acesso em: 10 abr. 2014.

NASA DESCOBRE ÁGUA NA LUA

Desde a década de 1990, cientistas tentavam buscar evidências para comprovar a existência de água na Lua. Em 2009, a Nasa, por meio da sonda Lcross (satélite estadunidense projetado para procurar água em estado sólido e gasoso na Lua), criou impactos em uma cratera lunar e descobriu, com base no material recolhido, a presença de vestígios de água.

Tendo como referência a charge acima, faça o que se pede.

a) De que forma a leitura do texto e a ironia presente na charge ilustram os interesses envolvidos na pesquisa científica?

b) Estabeleça uma relação entre ciência, pesquisa e problemas sociais, tendo como referência a charge e o texto.

EXPLORANDO O COTIDIANO

5. Com base no que estudamos sobre o *crowdfunding* (financiamento coletivo), forme um grupo com mais quatro colegas da sua turma e, juntos, definam uma atividade cultural para a qual vocês queiram obter apoio financeiro para participar. Pode ser a apresentação de uma banda ou músico, uma peça de teatro, uma exposição artística etc. Calculem o valor a ser arrecadado, gravem um vídeo explicando a importância do evento, divulguem nas redes sociais. Enviem a proposta para algumas páginas brasileiras de financiamento coletivo. Depois, apresentem o projeto para a turma.

VISÕES DE MUNDO

As redes sociais on-line podem ser usadas como instrumento para a construção de uma sociedade mais democrática e participativa. No entanto, isso não acontece sem que haja uma ação pedagógica nesse sentido. Essa é uma das tarefas das Ciências Sociais ao propor a análise, a explicação e o debate sobre as possibilidades das redes sociais on-line entre os jovens.

A (re)significação das redes sociais on-line

"Concordamos que as redes sociais *on-line* possam colaborar no sentido de construir uma cultura mais democrática e cidadã, que favoreça a luta por novas formas de organização social e política e incentive diferentes modelos de participação política ativa nos próximos anos. Partilhamos da expectativa de (Milton) Santos de que as novas tecnologias que geram a sociedade da informação possam também ser utilizadas como elemento de questionamento das estruturas sociais injustas e desiguais que permeiam as sociedades capitalistas. Entretanto, isto não é algo dado naturalmente. Precisa ser construído. Em outras palavras, o sentido e o alcance das transformações geradas pelas redes sociais *on-line* dependem dos significados que elas possam ter para os atores sociais. É neste ponto que reside o papel a ser exercido pelo ensino de Sociologia.

[...]

Ao colocar em discussão a sociedade e os processos humanos de construção de uma sociabilidade, a Sociologia, enquanto disciplina, pode questionar a visão fetichista da tecnologia, acenando para o uso melhor e mais criativo dos recursos tecnológicos disponíveis [...] a reflexão sociológica pode cumprir um duplo papel. Permitir ao jovem estudante estranhar a própria rede e entendê-la como um produto histórico, desnaturalizando uma concepção bastante comum de considerar as redes sociais *on-line* quase como uma 'evolução' dos processos de comunicação."

FERREIRA, F. de O.; LIMA, R. M. de. O ensino de Sociologia e a (re)significação das redes sociais *on-line* na escola básica. In: FIGUEIREDO, A. V.; OLIVEIRA, L. F. de; PINTO, N. M. (Orgs.). *Sociologia na sala de aula*: reflexões e experiências docentes. Rio de Janeiro: Imperial Novo Milênio, 2012. p. 263-280.

Atividades

OBTER INFORMAÇÕES

1. Qual é a proposta do texto para as redes sociais *on-line*?
2. Segundo o texto, a utilização das redes sociais *on-line* como instrumento de transformação social é automático?

INTERPRETAR

3. Qual papel os autores atribuem à Sociologia na Era Digital?
4. De que modo a Sociologia pode questionar a "visão fetichista" da tecnologia?

REFLETIR

5. Converse com seus colegas sobre a experiência de estudar Ciências Sociais. Debatam como essa disciplina pode colaborar na construção de outro olhar sobre a tecnologia.

Milhares de pessoas tomam a Avenida Presidente Vargas em protesto convocado pelas redes sociais no Rio de Janeiro (RJ, 2013). As redes sociais *on-line* podem ampliar a participação política dos cidadãos.

DIREITO É DIREITO

Educação, uma construção coletiva?

A ciência é, nas sociedades contemporâneas, uma forma de conhecimento difundida e aceita pela maioria dos indivíduos. Desse modo, o contato com o conhecimento científico, seja com o patrimônio acumulado pelas diferentes áreas da ciência e presente nos conteúdos de cada disciplina escolar, seja pela produção desse próprio conhecimento em experiências e projetos na educação básica, consiste em um dos objetivos da educação escolar.

A Lei de Diretrizes e Bases da Educação (LDB) prevê que o Ensino Fundamental deve permitir ao aluno:

"I – o desenvolvimento da capacidade de aprender, tendo como meios básicos o pleno domínio da leitura, da escrita e do cálculo;

II – a compreensão do ambiente natural e social, do sistema político, da tecnologia, das artes e dos valores em que se fundamenta a sociedade;

III – o desenvolvimento da capacidade de aprendizagem, tendo em vista a aquisição de conhecimentos e habilidades e a formação de atitudes e valores;

IV – o fortalecimento dos vínculos de família, dos laços de solidariedade humana e de tolerância recíproca em que se assenta a vida social.

Para atingir esse objetivo, no entanto, a LDB prevê que o processo de construção do ensino escolar seja compartilhado. Pais, responsáveis, professores e os estabelecimentos de ensino têm sua parcela na execução das diretrizes educacionais brasileiras."

Essa é uma realidade na escola básica brasileira? Será que a construção dos currículos, a organização e o cotidiano escolar têm sido responsabilidades compartilhadas? Será que ao final dos nove anos do Ensino Fundamental o estudante atinge as metas programadas?

Reflexão

De que modo sua experiência escolar tem lhe dado autonomia diante dos problemas da vida cotidiana?

O projeto político-pedagógico é objeto de estudo para professores, pesquisadores e instituições educacionais. A participação das famílias e dos alunos no ambiente escolar é ideal para sua elaboração.

INDICAÇÕES

Para ver

▶ **Uma escola entre redes sociais**

Direção: Lide UFF. Brasil, 2013.

Documentário sobre as experiências de um colégio público estadual do Rio de Janeiro quanto ao uso das redes sociais para facilitar o processo de ensino-aprendizagem. Com base no relato de professores e alunos, são debatidos os potenciais e os limites do uso desse instrumento.

▶ **O jardineiro fiel**

Direção: Fernando Meirelles. Estados Unidos, 2005.

Esse filme retrata a história da ativista Tessa, que é assassinada em uma área remota do Quênia. Seu marido, Justin Quayle, desconfiado de uma possível infidelidade da esposa, decide investigar sua morte. Mesmo recebendo ameaças, ele descobre que ela estava participando em uma investigação sobre ações da indústria farmacêutica envolvendo governos e multinacionais. Com o pretexto de ajudar a prevenir a disseminação da aids, uma grande empresa realizava testes de um novo medicamento em seres humanos, ocultando e manipulando os dados sobre seus efeitos colaterais, responsáveis pela morte de muitas pessoas. O filme permite discutir a relação entre ciência, ética e neutralidade.

Para ler

▶ **O alienista (em quadrinhos)**

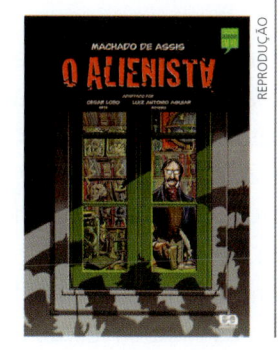

Luiz Antonio Aguiar. São Paulo: Ática, 2013.

Trata-se da versão em quadrinhos da obra clássica de Machado de Assis. Quando uma pequena cidade vira laboratório de pesquisa do renomado médico Simão Bacamarte, o caos se instala. O médico, crente na superioridade do saber científico, passa a estudar os habitantes da cidade a fim de determinar quem são os loucos e achar a cura para a perturbação da mente humana. O conto é uma crítica perspicaz à crença na ciência como portadora da verdade absoluta e aos seus usos.

▶ **Frankenstein**

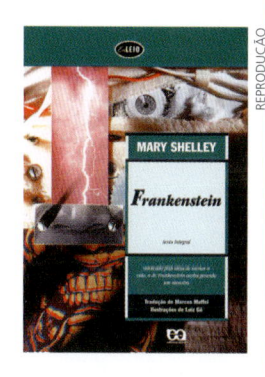

Mary Shelley. São Paulo: Ática, 1998.

Essa obra apresenta o relato de um jovem cuja obsessão o conduz a uma descoberta sem precedentes não apenas para a ciência, mas também para a sociedade. Quais são os limites éticos da ciência e da tecnologia? Podemos controlar a vida e a morte? Quais são os desdobramentos das descobertas científicas para a vida em sociedade? Essas são algumas questões possíveis de serem trabalhadas no livro, que inaugurou o gênero da ficção científica no início do século XIX.

Para navegar

▶ **ProfiCiência**

Desenvolvido pela Academia Brasileira de Ciências, esse *site* é um espaço de divulgação de carreiras científicas voltado para jovens. Há seções sobre o método científico, informações variadas sobre as diferentes áreas do conhecimento, indicações de leitura e de filmes. São disponibilizados vídeos e textos com depoimentos de pesquisadores e suas motivações para a escolha da carreira. Além disso, há uma seção específica sobre a atuação das mulheres e os desafios para a igualdade de gênero na pesquisa científica.

InterAção

Festival de arte e literatura

Multimídia interativa

As múltiplas dimensões da internet

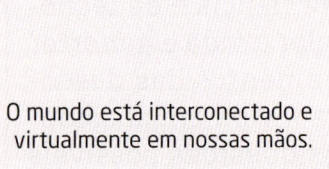

O mundo está interconectado e virtualmente em nossas mãos.

Ao longo deste volume tivemos a oportunidade de trabalhar diferentes questões vinculadas à relação entre tecnologia, sociedade e Ciências Sociais. Estudamos temas como trabalho, ciência e tecnologia; cibercultura; direito à informação; e Inteligência Coletiva. Esses temas nos permitiram identificar a centralidade da tecnologia no mundo contemporâneo, bem como muitos de seus aspectos positivos e negativos.

Entre os aspectos positivos podemos destacar elementos como a interatividade entre as pessoas, o encurtamento das distâncias e as novas formas de socialização. Lidar com as novas tecnologias digitais e informacionais nos permite, verdadeiramente, experimentar a sensação de que o mundo cabe na palma de nossa mão.

Como toda criação humana, as novas tecnologias também possuem aspectos negativos. Entre eles podemos listar elementos como o *ciberbullying*, a exclusão digital e os crimes virtuais.

Os temas estudados ao longo deste livro refletem realidades muito presentes no cotidiano dos estudantes brasileiros, mesmo daqueles que vivem em zonas rurais. Entretanto, essas realidades nem sempre são contempladas pelas disciplinas dos currículos escolares. Por isso, estudá-los sobre a ótica das Ciências Sociais amplia visões de mundo e abre novos horizontes sociais, familiares e mesmo pessoais.

Para que nosso trabalho contemple todos os temas abordados neste volume, propomos a realização de um festival de arte e literatura cujo tema é "tecnologia e sociedade". As novas tecnologias também estão presentes nas diferentes expressões artísticas de nossa realidade.

Crianças interagem com obra de arte cibernética em São Paulo (SP, 2010). Cores e formas são criadas e recriadas com base no movimento do amante das artes, agora visto não mais como mero espectador, mas como parte integrante da própria obra de arte.

Passo a passo

1 Definam as áreas de atuação do festival, bem como seu local e período de realização. Música, poesia, exposição de objetos tecnológicos, redações, vídeos, depoimentos, palestras e dramatizações estão entre as possibilidades criativas. Os locais do festival (áreas abertas, como pátios, ou fechadas, como auditórios e salas de aula) deverão ser previamente selecionados em conjunto com os professores.

2 A partir disso, cada grupo deverá estabelecer sua área de atuação. O grupo de música, por exemplo, poderá definir se as canções a serem apresentadas (todas relacionadas ao tema do festival) serão inéditas (criadas por estudantes, professores, pais etc.) ou não. O grupo de redações deverá estabelecer o limite mínimo e máximo dos textos, se elas serão feitas individualmente ou em grupo, se vai ou não contar com a revisão da equipe de português. Essas mesmas preocupações deverão estar presentes em todos os demais grupos (vídeos, exposições etc.).

3 Um dos elementos mais críticos do festival é a organização e a divulgação dos eventos. Assim, panfletos, equipamentos de som e imagem, preparação dos auditórios e das salas de exposição devem ser organizados para as atividades combinadas. Se houver dramatizações e atividades teatrais, é fundamental que tudo esteja muito bem ensaiado. Essa exigência também se aplica para as atividades musicais, por exemplo. Fotos e outras formas de registro são importantes, uma vez que constituem a memória de um trabalho essencialmente coletivo. Dessa maneira, o grupo de organização e planejamento deve trabalhar de forma coesa e em constante diálogo com os professores e os gestores da escola.

4 Por fim, podem ser criados grupos organizados para torcer ou avaliar as atividades. Pode-se também oferecer um prêmio para as melhores composições (musicais ou literárias), apresentações teatrais e de vídeo mais criativas etc.

REFERÊNCIAS BIBLIOGRÁFICAS

ANDERSON, C. *A cauda longa*: a nova dinâmica de *marketing* e vendas: como lucrar com a fragmentação de mercados. São Paulo: Campus, 2006.

ANTUNES, R.; BRAGA, R. *A degradação real do trabalho virtual*. São Paulo: Boitempo, 2009.

BARBOSA, A. F. (Coord.). *TIC Domicílios e Empresas 2012*: pesquisa sobre o uso das tecnologias de informação e comunicação no Brasil. São Paulo: Comitê Gestor da Internet no Brasil, 2013. [livro eletrônico]

BAUMAN, Z.; MAY, T. *Aprendendo a pensar com a Sociologia*. Trad. Alexandre Werneck. Rio de Janeiro: Zahar, 2010.

BOTTOMORE, Tom; OUTHWAITE, William (Org.). *Dicionário do pensamento social do século XX*. Rio de Janeiro: Jorge Zahar, 1996.

CAPANI, Alberto. A propósito do "ethos" da Ciência. *Revista Episteme*, Porto Alegre, v. 3, n. 6, p. 16-38, 1998.

CASTELLS, Manuel. *A Era da Informação*: economia, sociedade e cultura. São Paulo: Paz e Terra, 1999. v. 3.

_____. A sociedade em rede. *A Era da Informação*: economia, sociedade e cultura. São Paulo: Paz e Terra, 1999. v. 1.

CORRÊA, M. B. Tecnologia. In: CATTANI, A. D. (Org.). *Trabalho e tecnologia*: dicionário crítico. Petrópolis: Vozes; Porto Alegre: EdUFRGS, 1997.

COSTA, L. F. Novas tecnologias e inclusão digital: criação de um modelo de análise. In: BONILLA, M.; PRETTO, N. (Org.). *Inclusão digital*: polêmica contemporânea, Salvador, EDUFBA, v. 2, p. 109-126, 2011.

DAMIANI, M. F. Entendendo o trabalho colaborativo em educação e revelando seus benefícios. *Educar em revista*, Curitiba, n. 31, 2008.

DIAS, L. R. (Coord.). *Inclusão digital*: com a palavra, a sociedade. São Paulo: Plano de Negócios, 2003.

GREENWALD, G.; KAZ, R.; CASADO, J. Na teia da espionagem. *O Globo*, 7 jul. 2013.

HARVEY, D. *Condição pós-moderna*: uma pesquisa sobre as origens da mudança cultural. São Paulo: Loyola, 2012.

KHUN, Thomas. *A estrutura das revoluções científicas*. 7. ed. São Paulo: Perspectiva, 2003.

LAIA, Marconi Martins. *Políticas de governo eletrônico em estados da federação brasileira*: uma contribuição para a análise segundo a perspectiva neoinstitucional. Tese de doutorado em Ciência da Informação, Escola de Ciência da Informação, Universidade Federal de Minas Gerais, Belo Horizonte, 2009.

LEMOS, A.; LÉVY, P. *O futuro da internet*: em direção a uma ciberdemocracia. São Paulo: Paulus, 2010.

LÉVY, Pierre. *A inteligência coletiva*. Por uma antropologia do ciberespaço. 5. ed. São Paulo: Loyola, 2007.

_____. *Cibercultura*. São Paulo: Ed. 34, 2008.

LIPOVETSKY, G. *A era do vazio*. Lisboa: Gallimard, 1983.

OLIVEIRA, D. R. de. *Os trabalhadores da indústria de software*: flexíveis ou precários? São Paulo: Universidade Federal de São Carlos, 2009. Dissertação de mestrado.

ORTIZ, Renato (Org.). *Bourdieu – Sociologia*. São Paulo: Ática, 1983. Coleção Grandes cientistas sociais, vol. 39.

PADILHA, V.; BONIFÁCIO, R. C. A. Obsolescência planejada: armadilha silenciosa na sociedade de consumo. *Le Monde Diplomatique Brasil*, ano 7, n. 74, set. 2013.

PEREIRA, Patrícia. Sociedade do controle. *Sociologia Ciência & Vida*, ano III, n. 21, p. 40-47, 2009.

RESNIK, D. A pluralistic account of intellectual property. *Journal of Business Ethics*, v. 46, n. 4, p. 319-335, set. 2003.

RIBEIRO, C. T.; MERLI, D.; SILVA, S. P. Exclusão digital no Brasil e em países emergentes: panorama da primeira década do século XXI. *Banda Larga. Caminhos para universalização*. São Paulo: Comitê Gestor da Internet no Brasil, 2012.

SANTOS, Boaventura de Sousa. Da Sociologia da Ciência à política científica. *Revista crítica de Ciências Sociais*, Coimbra, n. 1, 1978.

SILVEIRA, R. M. C. F.; BAZZO, W. A. Ciência e tecnologia: transformando a relação do ser humano com o mundo. *Revista Gestão Industrial*. Revista do Programa de Pós-Graduação em Engenharia de Produção, UTFPR, *Campus* Ponta Grossa, v. 2, n. 2, 2006.

SILVEIRA, S. A. *Exclusão digital*: a miséria na era da informação. São Paulo: Fundação Perseu Abramo, 2001.

SORJ, B.; GUEDES, L. E. Problemas conceituais, evidências empíricas e políticas públicas. *Novos Estudos*, São Paulo, Cebrap, n. 72, 2005.

SZABÒ, Inacio; SILVA, Rubens Ribeiro Gonçalves. Informação e inteligência coletiva no ciberespaço: uma abordagem dialética. *Ciências & Cognição*, UFRJ, ano 4, v. 11, p. 37-48, jul. 2007.

YOUNG, Robert M. Tecnologia. In: BOTTOMORE, T. (Org.). *Dicionário do pensamento marxista*. Rio de Janeiro: Jorge Zahar, 1988.